Paul Ferrini
Die Wunder der Liebe

Paul Ferrini

Die Wunder der Liebe

AURUM VERLAG

Die amerikanische Originalausgabe erschien unter dem Titel
„Miracle of Love" bei Heartways Press, South Deerfield, MA.

Ins Deutsche übersetzt von Christine Bendner

Umschlaggestaltung: Thomas Schröder

Die Deutsche Bibliothek – CIP-Einheitsaufnahme
Ferrini, Paul:
Die Wunder der Liebe / Paul Ferrini. (Ins Dt. übers. von Christine
Bendner). – Braunschweig : Aurum, 1999
Einheitssacht.: Miracle of Love <dt.>
ISBN 3-591-08458-1

1999
ISBN 3-591-08458-1
© 1997 Paul Ferrini
© der deutschen Ausgabe Aurum Verlag GmbH, Braunschweig
Gesamtherstellung: Westermann Druck Zwickau GmbH

Inhalt

Vorwort 9

Meine Lehre 12

Ich bin ein einfacher Mensch 12
Liebe ist unsere Lehrerin 14
Die jüdische Sichtweise 16
Taten, nicht Worte 18
Der Hirte kehrt zurück 19

Meine Jünger 22

Wenn du mir folgen willst 22
Wer sind meine Jünger? 28
Ein lebendes Beispiel 30
Der Körper und die Welt 32
Friede auf Erden 36

Beziehungen 39

Negativität umwandeln 39
Das Drama der menschlichen Beziehungen . 43
Verbindlichkeit 45
Die Früchte der Partnerschaft 48
Die Liebe wachrufen, die du dir wünschst .. 50

Kreativität und Fülle 57

Kreative Energie 57
Wie das Ego Fülle verhindert 60
Vier Schritte zur Freiheit von Angst 64
Gottes Antwort hören 67
Der Mythos des Bösen 69
Verständnis und Mitgefühl 73
Die Ökonomie der Liebe 75

Ein spiritueller Weg der Liebe und Freiheit 79

Jenseits des New Age 79
Eine freie und liebevolle Gemeinschaft 82
Vater und Mutter ehren 85
Was ist Spiritualität? 87
Wer braucht Religion? 90
Bejahen und Verneinen 94

Mißbrauch und Vergebung 99

Die Angst, sich einzulassen 99
Du bringst in dein Leben, was du hineinläßt . 102
Gleichheit und gegenseitiger Respekt 105
Vergebung 107
Wertschätzung und Bestätigung 110

Die Verbindung zur Liebe aufrechterhalten 115

Selbst und Persönlichkeit 115
Wer ist Christus? 120

Beichten und Buße tun 122
Bekehrung 125
Das Wunder leben 129

Was dich bindet 134

Die Sprache der Angst 134
Von zu Hause weggehen/nach Hause zurück-
　kehren 137
Loslassen 143
Veränderung und das Unveränderliche 147

Rückverbindung 151

Die göttliche Partnerschaft 151
Den Partner sein lassen 154
Spiegel der Unschuld 157

Vorwort

Eine Lehre ist nur in dem Maße lebendig, in dem sie von den Menschen verstanden und gelebt wird. Sie ist wie ein Musikstück, das erst durch den Musiker zum Leben erweckt wird. Allerdings können verschiedene Darbietungen ein und desselben Musikstücks in bezug auf Genauigkeit und Inspiration stark voneinander abweichen. Diejenigen, die von einem Stück zutiefst berührt werden, es in all seinen Aspekten erfassen und die notwendige Technik beherrschen, werden natürlich die beste Darbietung liefern. Sie werden auch andere Menschen zum Zuhören und Spielen inspirieren.

Als ich auf dieser Erde lebte, stimmten meine Worte mit meinen Taten überein. Ich sah die Essenz der Dinge. Meine Sprache war einfach und klar und mein Handeln entsprach meinen Worten. Deshalb wurden die Menschen von meinen Worten berührt. Wenn du meine Lehre verstehst und in deinem täglichen Leben praktizierst, wirst du für andere ein Leuchtfeuer sein. Durch dich wird meine Lehre zum Leben erweckt. Durch dein Leben werde ich leben.

Dies ist meine Wiederkehr. Ich werde nicht noch einmal in einem physischen Körper zurückkehren, sondern in dem Maße durch dein Herz und deinen Geist sprechen, in dem du dich auf mich einstimmst, so wie ich es schon immer getan habe.

Einst hatte ich zwölf Jünger. Jetzt habe ich Tausende. Jedesmal, wenn ein Mensch sich mir mit völliger Hingabe zuwendet, wird er zu meinem Werkzeug. Durch seine Hände und sein Herz kann ich wirken und Liebe in der Welt verbreiten.

Jedesmal, wenn ein Mensch seine Verletzungen losläßt und sich selbst und anderen vergibt, stehe ich an seiner Seite. Ich bin derjenige, der ihn in den Armen hält und tröstet. Ich bin derjenige, der sich mit ihm vor dem unsichtbaren Gott verneigt.

Meine Jünger üben sich jeden Tag in Liebe und Vergebung. Sie sind nicht vollkommen in ihrer Praxis, aber sie sind aufrichtig. Sie machen Fehler, bemerken diese Fehler und bemühen sich, aus ihnen zu lernen.

Meine Jünger sind weise, aber sie tragen ihre Weisheit nicht zur Schau. Sie haben kein Interesse daran, Aufmerksamkeit auf sich zu ziehen, sondern versuchen, anderen durch ihre Gedanken, Worte und Taten Kraft zu geben.

Keine Kirche und kein Tempel kann mich dir nahebringen, bevor du innerlich dazu bereit bist. Und wenn du bereit bist, brauchst du keinen Vermittler, der sich bei mir für dich einsetzt. Du brauchst nur darum zu bitten, und ich werde für dich da sein.

Anders als viele andere, die du kennst, bin ich nicht wankelmütig. Ich komme und gehe nicht, sondern bin immer bei dir. Selbst wenn du mich ablehnst und beschimpfst, höre ich nicht auf, dich zu lieben oder deine Herrlichkeit zu sehen. Denn ich habe von meinem Vater und meiner Mutter gelernt, wie man unaufhörlich liebt, und wie man gibt, ohne etwas dafür zu erwarten.

Wenn du soweit bist, wirst auch du es lernen. Und vielleicht ist diese Zeit jetzt gekommen, da du diese Seiten umblätterst. Ich heiße dich willkommen, mein Bruder, meine Schwester. Indem du dich für die hier geoffenbarte Wahrheit öffnest, wird sich diese Wahrheit in dir öffnen.

                                                      Jesus

Meine Lehre

Worte und Konzepte
werden dein Herz nicht öffnen.
Nur Liebe allein kann dein Herz öffnen.

Ich bin ein einfacher Mensch

Ich schreibe dies, um einiges klarzustellen. Seit meiner Geburt sind fast 2000 Jahre vergangen, und von meiner Lehre, die einst wie ein reißender Strom war, ist nur noch ein kleines Rinnsal übriggeblieben. Ihr habt mich rationalisiert und mir meinen Platz zugewiesen: vielleicht auf einem Podest, aber jedenfalls in sicherer Entfernung. Ihr habt mich über euch gestellt, an einen Platz, von dem aus ich euch nicht herausfordern kann. Indem ihr mich zu einer Gottheit, zum *einzigen* Sohn Gottes gemacht habt, entbindet ihr euch davon, nach meinem Beispiel zu leben. Doch mein Beispiel ist das Herzstück meiner Lehre. Welchen Sinn hat euer Glaube an mich, wenn ihr nicht versucht, mir nachzufolgen?

Meine Lehre ist keine intellektuelle, sondern eine praktische. „Liebe deinen Nächsten" ist kein abstraktes, kompliziertes Konzept. Es ist eine einfache, zwingende Idee, die euch dazu einlädt, sie in die Tat umzusetzten. Ich habe euch nicht zu einem Diskussionsabend eingeladen. Ich habe euch nicht gebeten, die heiligen Schriften zu studieren oder auszulegen. Ich habe euch gebeten, das zu tun, was euch so besonders schwerfällt: über eure begrenzte Vorstellung von euch selbst hinauszugehen. Bereits eine der Aufgaben, die ich euch stellte, wird euch ein Leben lang beschäftigen. Obwohl sie so leicht zu verstehen sind, liegt ihre Herausforderung in ihrer praktischen Umsetzung.

Wenn ich für eure Sünden gestorben wäre, bliebe für euch nichts mehr zu tun. Warum steigt ihr dann nicht kraft eures Glaubens an mich in den Himmel auf?

Ich sage euch warum. Weil ihr trotz eures Glaubens nicht glücklich seid. Ihr habt keinen inneren Frieden. Und das rührt daher, daß ihr mich außerhalb von euch seht. Ihr habt mich über euch gestellt, an einen Platz, von dem aus ich euch nicht berühren kann.

Hole mich von meinem Podest herunter, mein Bruder, meine Schwester, und nimm mich an deine Seite, denn dort gehöre ich hin. Wir sind absolut und bedingungslos gleich. Was ich getan habe, wirst auch du tun – und mehr. Du wirst nicht durch meine Gedanken und Taten gerettet, sondern durch deine eigenen. Solange du nicht zum Christus wirst, wird kein Friede auf Erden sein. Wenn du mich als König sehen willst, mußt du selbst auch zum König, zur Königin werden.

Schaffe nicht diese Distanz zwischen uns, denn ich bin nicht anders als du. Was immer du bist – ein Bettler oder ein Dieb, ein Heiliger oder ein König – das bin ich auch. Es gibt kein Podest, auf dem ich noch nicht gestanden, keine Gosse, in der ich noch nicht gelegen habe. Nur weil ich sowohl die Gipfel der Freude als auch die Täler des Leids durchlebt habe, kann ich die Pforte des Mitgefühls durchschreiten.

Ich wurde von einer einfachen Frau in einem Stall geboren. Sie war ebensowenig eine Jungfrau wie deine Mutter bei deiner Geburt. Du gibst ihr aus dem gleichen Grund einen besonderen Status, aus dem du mich zu etwas Besonderem machst: um Distanz zwischen uns zu schaffen, um behaupten zu können, daß du nicht imstande bist zu tun, was ich getan habe.

Wenn mein Leben überhaupt eine Bedeutung für dich hat, mußt du wissen, daß ich keinen besonderen Platz oder Status beanspruche. Weder Maria noch ich sind spiritueller als du. Wir sind in jeder Hinsicht wie du. Dein Schmerz ist unser Schmerz. Deine Freude ist unsere Freude. Wenn das nicht wahr wäre, könnten wir nicht kommen, um zu lehren.

Halte uns nicht auf Abstand zu dir. Umarme uns als deinesgleichen. Maria hätte ebensogut deine Mutter sein können. Ich hätte dein Sohn sein können.

Liebe ist unsere Lehrerin

Wer du auch bist und wie dein Leben auch aussehen mag, wisse, daß dich unser Verständnis und Mitgefühl erreicht. Du kannst an keinem Ort sein, den wir nicht bereits kennen, an keinem Ort, der für die ausgestreckte Hand der Liebe und des Mitgefühls nicht erreichbar ist.

Wir haben uns in jede Dunkelheit hineinbegeben, die die Seele nur ausloten kann. Doch das Licht der Wahrheit scheint selbst an den dunkelsten Orten. Es gibt keine völlige Abwesenheit von Licht. Dunkelheit kann nur in Relation zum Licht existieren. Wie groß dein Schmerz auch sein mag, sein Ausmaß hängt davon ab, in welchem Maße du die Abwesenheit oder den Verlust der Liebe empfindest. Jegliche Dunkelheit ist eine Reise zum Licht. Jeglicher Schmerz ist eine Reise zur bedingungslosen Liebe.

Deshalb bist du hier: um dich in die Dunkelheit zu begeben, die du in dir selbst und in anderen wahrnimmst, und um das Licht zu finden, das dort scheint. Hast du dieses Licht erst einmal gefunden – wie winzig oder unbedeutend es auch scheinen mag – wird dein Leben nie mehr sein wie es war. Ein Lichtträger stellt das Licht, das er oder sie trägt, niemals in Frage. Und deshalb kann er oder sie es anderen geduldig und ohne Angst darbieten.

Ihr, die ihr in meinem Namen andere bekehren wollt, sollt wissen, daß euer Handeln nur eure eigene Angst kaschiert. Denn Liebe ist sanft und freundlich. Sie gibt, ohne an Gegenleistung zu denken. Sie verlangt von anderen nicht, daß sie sich ändern, sondern akzeptiert sie, wie sie sind. Niemand kann anderen in meinem Namen dienen und ihnen gleichzeitig Liebe und Akzeptanz vorenthalten. Diejenigen, die Liebe an Bedingungen knüpfen, führen meinen Namen unnütz im Munde.

Du mußt deine eigene Fehlbarkeit erkennen, so wie ich gezwungen war, meine zu erkennen. Indem du Regeln aufstellst, erstickst oder verleugnest du die Liebe. Niemand ist so groß wie die Liebe, weder du, noch ich. Und es ist die Liebe, vor der wir beide uns verneigen müssen. Liebe ist unsere Lehrerin und wird es immer sein. Können wir ihre Schüler sein und lernen, was sie uns lehren will? Oder bestehen wir darauf, den Lehrplan aufzustellen und den Text zu interpretieren?

Die jüdische Sichtweise

Ich bin, wie du weißt, Jude. Wenn du Jude bist, hörst du nicht auf, Jude zu sein und wirst Christ. Du bleibst immer ein Jude. Und wenn du ein echter Jude bist, wirst du Gott immer Fragen stellen. Du treibst Gott immer an die Grenzen. Jeden Tag, wenn er betet, fragt ein Jude Gott „Warum?", wohl wissend, daß Gott allein die Antwort kennt. Für einen Juden ist es Blasphemie zu denken, er wüßte die Antwort, denn Gott allein weiß. Wir können bestenfalls einen Schimmer des Mysteriums erhaschen.

Wenn du mir folgen willst, mußt du zuerst den jüdischen Teil deines jüdisch-christlichen Erbes annehmen. Du mußt wissen, daß Gott die Antworten hat – nicht du und nicht ich. Du mußt dich dem Leben hingeben, so wie es sich vor dir entfaltet, wissend, daß es einen Sinn hat, auch wenn du ihn nicht erkennen kannst.

Als Jude darfst du nie eine hochmütige Haltung einnehmen oder vorgeben, etwas zu wissen. Du mußt immer sagen: „Was ich auch zu wissen scheine, Gott weiß mehr als ich. Gottes Wege sind unerforschlich und ich kann sie nicht ausloten, wie sehr ich mich auch anstrengen mag. Ich kann bestenfalls

Augenblicke der Gnade erleben und hin und wieder einen Schimmer vom göttlichen Plan erhaschen. Ich bin der Schüler. Gott ist der Lehrer. Und mehr als das: Gott ist mein Lehrer. *Er läßt mich an stillen Wassern ruhen. Er erquicket meine Seele."* Als Jude mußt du eine Beziehung zu Gott haben. Und es muß eine respektvolle Beziehung sein.

Viele Christen glauben, sie hätten es nicht nötig, mit Gott zu sprechen, weil ich ihnen ja Gehör schenke. Sie denken, sie könnten mich haben und deshalb auf Gott verzichten. Aber das ist nicht wahr. Ohne Gott bin ich nichts. Nur weil ich voller Respekt und Verehrung zu Gottes Füßen sitze, kann ich den göttlichen Segen an euch weitergeben.

Meine Freunde (besonders diejenigen, die sich Christen nennen), ihr müßt verstehen, daß, wenn es um Gott und Jesus geht, nur einer von beiden entbehrlich ist – und ich versichere euch, daß es nicht Gott ist. Ihr braucht mich nicht, um zu Gott zu kommen. Ihr müßt euch dem Göttlichen nur mit grenzenloser Liebe und Achtung nähern. Ihr müßt nur mit dem aufrichtigen Wunsch zu lernen kommen. So habe ich mich Gott genähert und so müßt ihr euch dem Göttlichen nähern, ob ihr nun an mich glaubt oder nicht.

Ihr Christen legt viel zuviel Gewicht auf euren Glauben an mich. Ich sage euch, vergeßt mich und erinnert euch an euren Schöpfer. Dann werdet ihr euch durch euer Beispiel an mich erinnern, nicht nur durch eure Worte. Wenn ihr mich in euren Herzen kennt, wißt ihr, daß ich nicht allzuviel für Worte übrig habe. Zeigt mir euren Glauben nicht nur durch Worte, sondern durch eure Taten.

Taten, nicht Worte

Mein ganzes Leben dreht sich um die Praxis. Jeder, der tätige Liebe praktiziert, kehrt ins göttliche Heim zurück. Und dabei spielt es keine Rolle, welchen Weg er oder sie wählt oder wie er oder sie seinen oder ihren Weg nennt.

Keiner ist besser als der andere. Du wirst nicht schneller nach Hause zurückkehren, wenn du an mich glaubst, als wenn du an Krishna oder Buddha glaubst. Der Mann oder die Frau, der oder die am meisten liebt, kommt am schnellsten voran. Das ist die einfache Wahrheit.

Religionen, Sekten, Dogmen sind nichts als Hindernisse auf dem Weg nach Hause. Jeder, der glaubt, er sei im Besitz der einzigen Wahrheit, hat sein Haus auf Treibsand gebaut. Es wird nicht allzu lange dauern, bis er entdeckt, daß ihn sein Hochmut, seine Engstirnigkeit und sein Mangel an Toleranz anderen gegenüber ins Verderben geführt hat. Wenn du ein liebevoller Mensch bist – spielt es dann eine Rolle, ob du Jude, Moslem oder Taoist bist? Diese Liebe drückt sich ganz unabhängig von deinem Glauben aus. Die Sprache der Liebe ist keine Sprache der Worte. Vielleicht gebrauchst du Worte, aber die Liebe hängt nicht von den Worten ab, die du verwendest. Ein paar einfache Worte und eine von Herzen kommende Geste genügen, um einem anderen Menschen zu zeigen, daß du ihn annimmst und wertschätzt.

Worte und Konzepte werden dein Herz nicht öffnen. Das vermag allein die Liebe. Wenn du dich für die Liebe öffnest, die für dich da ist, und sie großzügig an andere weitergibst, werden die Worte, die du dazu benötigst, von selbst zu dir kommen. Du wirst wie selbstverständlich wissen, was zu sagen oder zu tun ist.

Wenn Liebe in deinem Herzen ist, entfaltet sich der Weg vor dir wie von selbst. Deine Handlungen ergeben sich ganz spontan. Da gibt es keine Befangenheit, keine Ambivalenz, kein Abwägen. Denn das sind keine Qualitäten der Liebe. Liebe ist bedingungslos und direkt. Sie findet den Geliebten immer, sogar wenn er sich versteckt.

Der Hirte kehrt zurück

Niemand wird Liebe zurückweisen, wenn sie ohne Bedingungen gegeben wird. Und wer soll sie geben, wenn nicht du mein Bruder, meine Schwester?

Heute trinkst du in vollen Zügen aus der Quelle meiner Liebe. Morgen wirst du die Quelle sein. Morgen wirst du das Geschenk, das dir gegeben wurde, in die Welt hinaustragen. Du bist Gottes Hand, die Trost spendet und Heilung bringt. Und wie du gibst, so wirst du empfangen.

In der Vergangenheit hast du durch den Schleier deiner Angst gegeben und empfangen. Doch diese Zeit ist vorbei. Jetzt weißt du, daß deine Angst dir nie Sicherheit verschaffen kann. Sie hält dich nur von der Liebe fern, die du dir wünschst. Sie hält dich fern von denen, die dich lieben und deine Liebe brauchen. Du kannst der Gemeinschaft der Liebenden solange fernbleiben, wie du willst. Doch die Liebe dieser Gemeinschaft wird dich nie verlassen, und sie wird auch nicht aufhören, auf deine Rückkehr zu warten. Denn dein Geschenk wird gebraucht, mein Bruder, meine Schwester. Und solange du nicht lernst, diesem Geschenk zu vetrauen und es weiterzugeben, kannst du nicht glücklich sein.

Wenn du bereit bist zurückzukehren, wird deine Familie dich willkommen heißen. Die Familie der Liebenden weist niemanden zurück, wie ängstlich oder verwirrt ein Mensch auch sein mag. Denn diese Familie ist die Verkörperung der Liebe. Sie ist das lebendige Beispiel, das zu Fleisch gewordene Wort – wenn das Herz sich der Liebe öffnet und der Geist nicht mehr urteilt.

Komm, mein Bruder, meine Schwester. Leg deine Last ab. Warum solltest du an deinem Schmerz und Leid festhalten, wenn das Versprechen der Liebe hier und jetzt eingelöst werden kann? Warum an Scham und Schuld festhalten, wenn der Wind der Vergebung über das Land streicht, vor Trauer schwere Herzen leicht werden läßt und jeden Gedanken an Vergeltung vertreibt?

Legt eure Last ab, meine Freunde. Seht ihr denn nicht, daß eure Ängste und Sorgen und alle Verstrickungen, die sie mit sich bringen, nicht durch die Tür der Wahrheit passen? Die Zeit der Zweifel und des unsicheren Abwägens ist jetzt vorbei. Wenn die Tür sich öffnet, werdet ihr hindurchgehen. Denn deshalb seid ihr gekommen. Und keine weltliche Bindung kann euch daran hindern, eure spirituelle Bestimmung zu erfüllen. Wie alle Kinder, werdet ihr nach Hause zurückkehren. Und indem ihr zurückkehrt, werdet ihr es mir gleichtun und andere zur Quelle der Freude und des Friedens führen.

Wenn die Herde sich verirrt hat, erscheint der Hirte. Und du, mein Freund, meine Freundin, bist nicht weniger ein Hirte als ich. In den kommenden Zeiten werden viele Hirten gebraucht. Viele sollen Zeugnis ablegen für die Macht der Liebe und Vergebung. Durch ihr Beispiel wird meine Lehre aufblühen wie nie zuvor. Denn wenn ein Mensch Gewißheit über das Königreich hat und anderen liebevoll die Hand reicht, werden diese ihm bereitwillig folgen.

Meine Jünger

*Niemand wird Liebe zurückweisen,
wenn sie ohne Bedingungen gegeben wird.
Und wer sollte sie geben, wenn nicht du,
mein Bruder, meine Schwester?
Heute trinkst du aus vollen Zügen
aus der Quelle meiner Liebe.
Morgen wirst du die Quelle sein.*

Wenn du mir folgen willst

Wenn du meinem Beispiel folgen willst, lebe meine Lehre der Liebe und Vergebung. Gib und empfange Liebe in allen Bereichen deines Lebens ... in deiner Familie, im Zusammensein mit deinen Freunden, in deiner Gemeinde, ja sogar unter Fremden.

Laßt nicht zu, daß unterschiedliche Glaubensbekenntnisse, Kulturen oder Hautfarben euch voneinander trennen. Denn diese Dinge sind nur die äußere Hülle, die das verdecken, was ihr in Wahrheit seid. Wenn ihr die Wahrheit kennen wollt, müßt ihr lernen, hinter die äußere Fassade zu blicken. Ihr müßt lernen, nicht nur mit den Augen, sondern auch mit dem Herzen zu schauen. Wenn ihr das tut, werdet ihr keinen Gegner sehen, sondern einen Bruder, eine Schwester, einen Freund. Wenn ihr mit dem Herzen schaut, spürt ihr den Schmerz und die Verwirrung eures Freundes. Ihr empfindet Mitgefühl für die universale Erfahrung des Leidens, die ihr miteinander teilt. Aus diesem Mitgefühl erwächst Liebe. Nicht die Art Liebe, die andere korrigieren oder verändern will, sondern eine Liebe, die annimmt, aufbaut, die Hand reicht, hilfreich ist und Kraft gibt.

Liebe ist die einzige Tür, die zu einem spirituellen Leben führt. Ohne Liebe bleiben nur Dogmen und starre, angstbesetzte Glaubenssysteme. Ohne Liebe gibt es kein Mitgefühl und keine Barmherzigkeit. Diejenigen, die andere verurteilen, ihnen predigen und sie erlösen wollen, projizieren nur ihre eigenen Ängste und Unzulänglichkeiten in die Welt. Sie benutzen religiöse Worte als Ersatz für die Liebe, die zu geben oder zu empfangen sie nicht imstande sind. Viele derjenigen, die am verzweifeltsten und am meisten von der Liebe abgeschnitten sind, leben im Schatten der Kanzeln und steigen jeden Sonntag die Stufen der Verurteilung hinauf, um die Botschaft ihrer eigenen Angst zu verbreiten. Verurteilt sie nicht, denn sie schreien auf ihre eigene, schmerzhafte Weise nach Liebe. Aber akzeptiert nicht die Schuld, die sie euch vor die Füße werfen. Es ist nicht eure.

Die Menschen, die ein wahrhaft spirituelles Leben führen – welcher Tradition sie auch folgen – ruhen in ihrer Liebe zu Gott und allen Wesen. Wenn sie einander begegnen, haben sie nur gute Worte und Wünsche füreinander. Etiketten bedeuten ihnen nichts. Für diejenigen, die ihren Glauben praktizieren, ist Gott der einzige König der Könige, und Männer und Frauen sind für sie – unabhängig von ihrem Glaubensbekenntnis – absolut und bedingungslos ihresgleichen. Alle werden von Gott gleichermaßen geliebt und geschätzt. Es gibt keine Ausgestoßenen, keine Heiden.

Ich habe es schon früher gesagt und ich sage es noch einmal: Religiöse Dogmen, Selbstgerechtigkeit und falscher Stolz führen zu Trennung, Ächtung und Entfremdung. Sie sind die Instrumente der Verurteilung, nicht der Liebe. Du kannst mir nicht nachfolgen und gleichzeitig glauben, du wüßtest, was das Leben bedeutet oder was Gottes Absicht ist. Meine Jünger lernen, allem, was geschieht, mit offenem Herzen und Geist zu begegnen. Sie werden zunehmend bereit, ihre engstirnigen Glaubenssysteme und Vorurteile aufzugeben. Sie verzichten darauf, sich selbst oder andere für begangene Fehler zu verdammen, sondern versuchen, aus diesen Fehlern zu lernen, damit sie sie nicht wiederholen.

Die Beziehung meiner Jünger zu Gott wird täglich respektvoller und vertrauter. Sie lernen, sich im Alltag von dem Gott in ihrem Inneren leiten zu lassen. Es hilft ihnen, wenn sie dabei an mich denken und sich mein Beispiel vor Augen halten. Aber sie machen nicht den Fehler zu glauben, daß sie alles genauso machen müssen wie ich. Denn ihre Führung muß aus ihrem eigenen Herzen kommen, so wie meine Führung aus meinem Herzen kommt.

Es ist nicht so einfach, ein Christ zu sein, wie ihr denkt. Es bedeutet, daß ihr euch für die Möglichkeit öffnet, das Christusbewußtsein selbst zu erfahren. Ihr akzeptiert euer Potential, eins mit Gott zu werden, euer Herz und euren Geist für Gottes Liebe und Führung zu öffnen. Es bedeutet, daß ihr aufhört, bei anderen nach Fehlern zu suchen, und anfangt, euch eure eigenen Ängste anzuschauen, wenn sie auftreten; daß ihr die volle Verantwortung für eure Gedanken und Gefühle übernehmt, anstatt sie auf andere zu projizieren. Ihr werdet ehrlich zu euch selbst und freundlich zu anderen. Euer Leben ist eure Lehre, und es wird von liebevollen Taten, nicht von harten, unversöhnlichen Worten bestimmt. Wie viele Menschen, die sich Christen nennen, leben auf diese Weise? Und so frage ich euch: „Wie könnt ihr Christen sein, ohne bedingungslose Liebe zu praktizieren?" Es ist besser, alle anderen Glaubenssätze zu verwerfen und sich an diese Praxis zu halten, als die heiligen Schriften zu studieren und über andere zu urteilen.

Der Weg, den ich euch gezeigt habe, steht jedem offen. Jeder, der will, kann ihn gehen. Es sind keine Bedingungen zu erfüllen: keine Taufen, keine Bekenntnisse oder Kommunionen. Keine Äußerlichkeiten können euch davon abhalten, meine Lehre anzunehmen.

Doch das heißt nicht, daß ihr auch bereit seid, diesen Weg zu gehen. Wenn ihr weiterhin an eurem Dogma oder Glaubenssätzen festhaltet, werdet ihr den ersten Schritt nicht machen können. Wenn ihr davon überzeugt seid, daß ihr oder irgend jemand anders schlecht oder schuldig ist, könnt ihr nicht weitergehen. Wenn ihr glaubt, ihr wüßtet bereits alle Antworten, macht ihr euch vielleicht auf den Weg, aber es wird ein anderer Weg sein.

Mein Weg steht allen Menschen offen, doch nur wenige werden ihn gehen. Nur wenige sind bereit aufzugeben, was sie zu wissen glauben, um lernen zu können, was sie noch nicht wissen. So war es, als ich diesen Weg zum ersten Mal ging, und so ist es noch heute. Viele sind aufgerufen, aber nur wenige folgen dem Ruf.

So ist es. Verzweifelt nicht darüber. Denn wenn ihr euch entschieden habt, diesen Weg zu gehen, spielt es keine Rolle, welchen Weg andere wählen. Ihr seid verantwortlich für euer Glück.

Wenn ihr mit dem Licht in der Hand voranschreitet, werden andere auf euch zukommen und euch fragen, wie auch sie das Licht finden können. Und wenn ihr meine Jünger seid, werdet ihr ihnen antworten: „Das Licht ist bereits in deinem Innern, mein Bruder, meine Schwester. Du mußt es nur erkennen." Ihr werdet sie nicht mit endlosen Predigten traktieren oder sie auffordern, an Ritualen teilzunehmen, die ihnen nichts bedeuten. Ihr werdet sie spontan umarmen. Ihr werdet sie in eurer Gemeinschaft willkommen heißen und sie werden sich zuhause fühlen. Denn jeder, der bedingungslos angenommen und geliebt wird, fühlt sich zuhause.

Wenn ihr den Weg beschreiten wollt, den ich euch gezeigt habe, müßt ihr mich von dem Podest herunterholen, auf das ihr mich gestellt habt. Jeder von euch ist entweder ein Sohn Gottes oder eine Mutter Gottes. Wenn ihr das anders seht, habt ihr euch selbst noch nicht vergeben wie wir euch vergeben haben.

Wenn ihr die Unschuld in euch selbst und anderen nicht entdecken könnt, müßt ihr lernen, mehr mit dem Herzen als mit den Augen zu sehen. Solange ihr euch selbst und anderen nicht vergeben könnt, könnt ihr euren Platz an unserer Seite nicht einnehmen. Und ich versichere euch, daß dieser Platz auf euch wartet.

Ihr lebt in einer Welt, in der jeder schuldig gesprochen wird. Jeder wird zum Übeltäter gestempelt. Und die meisten religiösen Lehren sausen wie ein Vorschlaghammer auf euch nieder. Im besten Fall wollen sie euch „besser" machen, im schlimmsten verdammen sie euch.

Meine Lehre hat mit all dem nichts zu tun. Ich sage euch, daß ihr nicht schlecht seid. Ihr seid nicht schuldig, was immer ihr getan habt, wie viele Fehler ihr auch gemacht habt. Ich erinnere euch an die Wahrheit über euch selbst. Jeder von euch ist eine Tochter oder ein Sohn Gottes, nicht weniger geliebt als Maria oder ich.

Wenn ihr Gottes Liebe erst einmal akzeptiert habt, werdet ihr aus euren Fehlern lernen. Ihr werdet euer Leben nicht mehr wegwerfen wollen. Wo einst das Böse zu herrschen schien, wird nun Vergebung sein. Wo Wut und Neid einst ihre Fahnen schwenkten, wird sich Mitgefühl ausbreiten. Die Liebe bringt uns alle auf den richtigen Weg. Sie verbindet uns mit unserer wahren Natur. Wir werden stets mit einer ganz einfachen Herausforderung konfrontiert: uns für die Liebe zu öffnen, die für uns da ist.

Wie wir das tun können? Indem wir uns weigern, uns selbst oder unsere Brüder und Schwestern zu verurteilen. Indem wir nicht urteilen, nicht klagen oder anklagen. Indem wir Freude in unsere Beziehungen bringen und dankbar sind für die Liebe und Unterstützung, die wir in unserem Leben erfahren. Wir konzentrieren uns auf das, was da ist, nicht auf das, was fehlt. Indem wir das Gute in unserem Leben entdecken, verstärken wir es und können es mit anderen teilen.

Als Söhne und Töchter eines liebenden Gottes habt ihr die Aufgabe, die Liebe, die euch entgegengebracht wird, anzunehmen und nach euren Möglichkeiten an andere weiterzugeben. Es spielt keine Rolle, in welcher Form ihr sie weitergebt. Was zählt ist, daß sie von Herzen kommt.

Wer sind meine Jünger?

Meine Jünger sind jene Menschen, die anderen helfen, sich mit dem liebenden Gott verbunden zu fühlen, der voller Mitgefühl über uns alle wacht. Sie versuchen nicht, mich auf ein Podest zu stellen. Sie legen denen, die den Weg zur Wahrheit beschreiten wollen, keine Hindernisse in Form von Dogmen oder Ritualen in den Weg. Sie leben die Liebe, über die sie sprechen. Sie sie sind ein lebendiges Beispiel für die Lehre.

Meine Jünger wissen, daß ich nicht auf die Erde kam, um für ihre Sünden zu sterben, sondern, um sie an die Wahrheit zu erinnern, daß sie frei von Sünde sind. Und indem sie ihre eigene Unschuld erkennen, können sie auch die Unschuld in anderen wahrnehmen, selbst wenn diese sich wertlos und schuldig fühlen. Meine Jünger sehen das Licht in jeder Seele. Sie konzentrieren sich nicht auf die Dunkelheit, denn sie wissen, daß sie letztendlich nicht real ist. Sie übergehen scheinbare Übeltaten und Ungerechtigkeiten, indem sie ihr Augenmerk auf das Gute in allen Wesen richten, denn das Böse ist nichts anderes als die Abwesenheit von etwas, das niemals völlig ausgelöscht werden kann.

Indem sie das Licht in ihrem eigenen Inneren und in ihren Brüdern und Schwestern sehen, taufen meine Jünger andere ununterbrochen. Sie bieten immer die heilige Kommunion an. Selbst wenn Menschen ihre Sünden beichten, erkennen meine Jünger den Christus in ihnen. Ihre Arbeit hat immer mit Heilen zu tun. Wie ich es getan habe, erinnern sie die Menschen an die Wahrheit über sich selbst.

Meine Jünger konzentrieren sich nicht auf das, was fehlt oder korrigiert werden muß, sondern auf das, was nie weggenommen werden kann. Sie richten ihr Augenmerk auf das Gesunde und Gute. Sie suchen nicht nach Schwächen, und deshalb geben sie anderen Kraft. Sie suchen nicht nach Wunden, und deshalb helfen sie anderen, ihre Dankbarkeit für das Leben zu spüren.

Meine Jünger wissen, daß alles Böse, was ein Mensch einem anderen antut, deshalb getan wird, weil es im Leben dieses Menschen offensichtlich an Liebe mangelt. Ein Mensch, der andere angreift, kann nicht wissen, daß er geliebt wird. Meine Jünger lehren Liebe, indem sie liebevoll sind. Sie lehren Liebe, indem sie andere akzeptieren, wie sie sind. Mit allem, was sie tun, zeigen sie anderen Menschen, daß sie es wert sind, geliebt zu werden. Indem sie Liebe lehren, kehrt Frieden in ihrem Innern ein. Und je mehr inneren Frieden sie empfinden, desto liebevoller können sie sein.

Meine Jünger wissen, daß die Menschen oft die Wahrheit über sich selbst vergessen und sich in ihren Rollen und Verantwortlichkeiten verlieren. Die Leute glauben, einander zu kennen, aber sie fühlen sich oft bedroht und bauen Mauern des Selbstschutzes um sich herum. Sie vergessen, ihre Herzen zu öffnen. Meine Jünger tadeln andere nicht dafür. Sie erinnern sie einfach immer wieder freundlich daran, daß sie fähig sind, Liebe zu geben und zu empfangen.

Meine Jünger betonen das Gute und Wahre und lassen Illusion und Falschheit von selbst abfallen. Sie schelten andere Menschen nicht dafür, daß sie Fehler machen, denn das würde deren Schuldgefühle nur verstärken. Stattdessen loben sie sie für ihre Bereitschaft, aus ihren Fehlern zu lernen und zu wachsen.

Ein lebendes Beispiel

In meiner Lehre geht es um das Erinnern. Es geht darum, sich der Wahrheit bewußt zu werden und sie zu leben. Worte allein genügen nicht, denn sie geraten leicht in Vergessenheit. Deshalb müssen die Worte in die Praxis umgesetzt werden. Und die Praxis muß zu spontanem Handeln werden.

Ihr seid so sehr auf meine Großartigkeit fixiert, daß ihr eure eigene Großartigkeit vergessen habt. Ihr habt vergessen, daß nur ihr der Welt Vergebung bringen könnt. Aber ihr könnt sie nur dann bringen, wenn ihr sie für euch selbst akzeptiert habt.

Wenn ihr das Abendmahl mit mir feiert, nehmt ihr nicht mein Fleisch und mein Blut in euch auf, sondern den Geist der Vergebung, der eure Herzen leicht werden läßt. Wenn ihr den Becher zum Munde führt, dann erinnert euch an eure Unschuld und die Unschuld aller anderen Wesen. Das ist das Herzblut, das Erbe der Wahrheit, an das ihr euch erinnern müßt und das ihr weitergeben sollt.

Ihr glaubt, ich sei etwas Besonderes, weil ich gekreuzigt wurde. Doch ihr werdet Tag für Tag ans Kreuz genagelt. Und wenn ihr nicht gekreuzigt werdet, dann seid ihr diejenigen, die den Hammer schwingen. Es ist nichts besonderes, gekreuzigt zu werden.

Manche von euch glauben auch, daß ich der einzige bin, der von den Toten auferstanden ist. Doch ihr überwindet den Tod durch die Macht der Liebe jedesmal, wenn ihr euch daran erinnert, wer ihr seid oder wer euer Bruder ist. Jedesmal, wenn Liebe gegeben oder empfangen wird, wird der Tod besiegt. Denn alles stirbt, nur die Liebe nicht. Die Liebe, die du gegeben oder empfangen hast, lebt für immer weiter.

Vielleicht denkt ihr, daß euch durch euren Glauben an mich ein besonderer Platz im Jenseits sicher ist. Das ist nicht wahr, es sei denn, euer Glaube an mich hat euch dazu inspiriert, Liebe zu geben und zu empfangen. Wenn ihr euch in eurem Leben nicht der Liebe geöffnet habt, dann ist euer Glaube an mich oder irgend jemand anderen bedeutungslos.

Wenn ihr euch an mich erinnert, dann erinnert euch daran, zu welchen Taten ich euch ermächtigt habe, und haltet euch nicht mit den „Wundern" auf, die ich einst tat. Die Macht der Liebe wird in eurem Leben Wunder wirken, die ebenso großartig sind wie jene, die mir zugeschrieben werden. Denn die Liebe ist das einzige Wunder, nicht ihr oder ich.

Wir sind hier, um die Wunder der Liebe zu empfangen und an andere weiterzugeben. Was die Liebe bewirkt hat oder bewirken wird, sollten wir nicht als unser Verdienst betrachten. Der Dank gebührt demjenigen, der uns bereits lange bevor wir wußten, was Liebe ist oder was ihre Abwesenheit für uns bedeuten würde, bedingungslos liebte.

Wir alle sind vom Weg abgekommen. Wir alle haben die Liebe des Schöpfers vergessen. Ich komme zu euch, um euch an diese Liebe zu erinnern. Wenn ihr euch an meine Geburt auf dieser Erde erinnert, dann erinnert euch an meine Bestimmung. Das ist auch eure Bestimmung.

Eure Geburt in diese Existenz ist nicht weniger heilig als meine. Und auch die Liebe, die ihr an andere weitergebt, ist nicht weniger wichtig, als die Liebe, die euch durch mich angeboten wurde. Wir alle sind Türen zum Unendlichen und Ewigen, und jedesmal, wenn euer Herz sich öffnet, scheint das Geistige in dieser Welt durch.

Du bist das Licht der Welt. Du bist das Lamm Gottes, das gekommen ist, um uns daran zu erinnern, daß wir geliebt werden.

Der Körper und die Welt

In einem physischen Körper zu sein ist sowohl ein Privileg als auch eine Bürde. Viele Lektionen können nur dank der Möglichkeiten, die der Körper bietet, gelernt werden. Und doch darfst du nicht vergessen, daß alles, was der Körper für dich erreichen kann, eines Tages wieder zunichte gemacht wird. Die Freuden des Essens und Trinkens, der Sexualität, des Schlafes, der Unterhaltung – was bedeuten sie noch, wenn der Körper nicht mehr ist? Den Körper zu verherrlichen ist genauso sinnlos wie ihn zu verleugnen.

Der Körper ist ein Werkzeug. Er ist ein Instrument, das uns ermöglicht, Erfahrungen zu sammeln. Er dient einem Zweck. Ich benutzte einst meinen Körper, um meine Mission auf dieser Erde zu erfüllen, so wie du deinen benutzen mußt. Ich durchlebte körperliche Freuden und Leiden, genau wie du. Niemand lebt in einem Körper, ohne Ekstase und Schmerz, Liebe und Tod zu erfahren.

Der Körper ist ein Vehikel. Er hilft uns zu lernen. Vernachlässige oder verachte ihn nicht. Mach ihn aber auch nicht zu einem Gott, den du anbetest. Nimm ihn weder wichtiger noch weniger wichtig, als er ist.

Wenn du Freude an deinem Körper hast und gut für ihn sorgst, kann er dir besser dienen. Aber kein Körper ist vollkommen. Irgenwann bricht jeder Körper zusammen. Körper sind nicht dazu bestimmt, ewig zu existieren. Und es ist auch nicht vorgesehen, daß sie wiederauferstehen.

Diejenigen, die von physischem Aufstieg oder physischer Unsterblichkeit sprechen, verstehen überhaupt nicht, worum es geht. Auf der physischen Erfahrungsebene ist alles von Natur aus begrenzt. Es wird physisch durch die Grenzen, die es definieren. Wenn man die definierenden Merkmale wegnimmt, gibt es keinen physischen Körper. Nimmt man die Persönlichkeit weg, dann gibt es keinen Geist, so wie ihr ihn kennt.

Je mehr definierende Begrenzungen du hast, desto physischer oder grobstofflicher wirst du. Alles, was sehr begrenzt ist, hat eine große Dichte. Ego-Zentriertheit bedeutet Dichte, ebenso wie Egoismus und Gier oder Abhängigkeit von Substanzen oder Zuständen.

Dichte ist gleich Begrenzung, das heißt, die Möglichkeiten sind eingeschränkt. Wieviele Wahlmöglichkeiten hast du, wenn du alkohol- oder drogenabhängig bist? Wieviele Wege stehen dir offen, wenn du ein Dieb oder ein Mörder bist? Dichte bedeutet, daß dein Verhalten repetitiv ist, vorhersagbar.

Alle Ego-Zustände sind dichte Zustände. Wenn du etwas auf eine bestimmte Weise haben willst und dich weigerst, einen Kompromiß einzugehen oder die Dinge auf andere Weise zu betrachten, hast du nicht viele Wahlmöglichkeiten. Du nimmst einen eng begrenzten Standpunkt ein. Deinen Vorstellungen mangelt es an Einsicht, Flexibilität oder Mitgefühl. Vor allem aber werden deine Gedanken, Gefühle und Handlungen von Angst bestimmt. Wenn du Angst hast, ziehst du dich zusammen.

Jemand, der sich selbst oder andere verletzt, ist nicht eigentlich böse. Er oder sie ist voller Angst – kontrahiert. Um verletzendes Verhalten wiedergutmachen zu können, muß man eine flexiblere, offenere Haltung einnehmen. Und um dazu in der Lage zu sein, muß man sich zunächst einmal sicher fühlen. Menschen, die sich nicht sicher fühlen, legen selbst dann starre, auf Selbsschutz bedachte Verhaltensweisen an den Tag, wenn sie nicht bedroht werden.

Das gilt für alle Seinsebenen. Auf der intellektuellen Ebene zeigt sich die Unsicherheit beispielsweise in Form von Hochmut und Dünkelhaftigkeit. Menschen, die meinen, alles zu wissen, leiden unter einer tiefen Unsicherheit in bezug auf ihre Werte und Glaubenssysteme. Deshalb nehmen sie eine starre, feindselige Haltung ein.

Die Menschen werden nicht so geboren. Sie lernen dieses Verhalten. Nimm irgenein Neugeborenes, liebe und nähre es, stärke sein Selbstvertrauen, und es wird ein Leuchtfeuer der Liebe sein. Doch nimm das gleiche Kind und versage ihm Liebe, entmutige es, und es wird die Samen der Unzufriedenheit aussäen.

Es gibt keine Erbsünde. Es gibt keine ursrüngliche Dichte. Dichte entsteht durch Angst, und Angst wird erlernt.

Die physische Realität erscheint furchtbar einschränkend, aber das muß nicht so sein. Ich forderte euch einst auf, in der Welt aber nicht von dieser Welt zu sein. Ich riet euch, im Körper zu sein, ihn zu achten und als Vehikel für Liebe und Akzeptanz zu benutzen, ohne euch an ihn zu klammern.

Ich bat euch auch, euer Haus nicht auf Sand zu bauen, weil es sonst keinem Sturm standhalten kann. Manche Dinge sind temporär und vergänglich und manche sind ewig. Der Körper ist nicht ewig. Er kann bestenfalls ein bereitwilliger Diener sein.

Die ständigen Versuche, den Körper zu verjüngen sind völlig nutzlos. Genauso nutzlos wie das Streben nach physischer Unsterblichkeit, Wiederauferstehung und physischem Aufstieg. Meine Wiederauferstehung war nicht physischer Natur. Meine Wiederauferstehung war meine Bereitschaft, über die begrenzten Vorstellungen, denen ich begegnete, hinauszugehen, ohne mich um die Konzequenzen zu kümmern. Ich nahm Folter und Tod in Kauf, weil ich mich weigerte, irgend etwas anderes zu sagen als die

Wahrheit, die ich in meinem Herzen kannte. Es ist nicht leicht, angesichts großer Widerstände für die Wahrheit einzustehen. Wenn man zu sehr an seinem Körper hängt, ist man dazu nicht fähig. Nur derjenige, der die Wahrheit über alles andere stellt, kann sich um seines Glaubens willen dem Bösen in den Weg stellen. Ich bin gewiß nicht der einzige, der das getan hat. Ihr wißt, daß es schon viele gab, die ihre Furcht überwunden haben, um für ihren Glauben einzustehen.

Aber ich muß euch auch sagen, daß ein Mensch, der nicht liebevoll für seine Wahrheit eintritt, der Wahrheit nicht dient. Der Zweck und die Mittel müssen immer übereinstimmen, sonst kann es keinen Frieden geben.

Friede auf Erden

Frieden ist der Zustand der geringsten Dichte, den ihr im physischen Körper erfahren könnt. Er hat kein Ziel, er ist sich selbst genug. Ein Mensch, der inneren Frieden erfährt, ist außerordentlich flexibel, geduldig, mitfühlend und liebevoll. Er oder sie verspürt nicht den Drang, andere zu korrigieren oder die Welt zu verbessern. Er/sie verbessert die Welt einfach durch seine/ihre Existenz. Sie/er atmet Frieden, spricht Frieden und geht Frieden. Da gibt es kein Bemühen, keinen Versuch, irgend etwas in Ordnung zu bringen.

Nichts in der Welt ist kaputt. Die Wahrnehmung des Schmerz löst sich bereits dadurch auf, daß man ihn mit anderen Augen sieht. Wenn ihr mit den Augen der Liebe schaut, gibt es keine Situation, die nicht so akzeptiert werden kann, wie sie ist. Es gibt keine Ungerechtigkeit außer in den Augen des Beobachters. Und am Ende ist es der Beobachter, der seinen Schmerz loslassen und die Welt mit anderen Augen sehen muß.

Die Gesetze der Welt sind die Gesetze des Egos. Sie basieren auf Mißtrauen und Argwohn und dienen dazu, das Verhalten anderer zu kontrollieren. Kontrolle ist gleich Dichte. Je mehr wir versuchen, andere zu kontrollieren, desto kontollierter und berechenbarer ist unser eigener Weg.

Die Gesetze des Geistes basieren auf Vertrauen und mitfühlender Liebe. Sie sprechen die Liebe an, die in jedem Herzen wohnt, und verstärken sie. Sie sehen das Beste in jedem Menschen und bringen es zum Vorschein.

Das habe ich getan, und das bat ich euch zu tun. So wie ich die Gesetze der Welt im Namen eines höheren Gesetzes herausgefordert habe, werdet auch ihr es tun. Denn es genügt nicht, daß ihr euer Leben hier auf Erden in Angst verbringt. Es genügt nicht, daß ihr in einer Ecke kauert und andere Männer und Frauen über euch bestimmen laßt.

Ihr müßt euch erheben und zu Wort melden. Aber bitte tut es liebevoll, mitfühlend und respektvoll. Tut es in der Gewißheit, daß dort draußen kein Feind lauert. Jeder Bruder und jede Schwester, wie wütend, ängstlich oder verwirrt er oder sie auch sein mag, verdient eure Unterstützung und euren Respekt. Und eure innere Einstellung ist genauso wichtig wie das, was ihr tut oder sagt. Aggressive Worte oder Handlungen dienen weder euch noch anderen.

Wenn ihr liebevoll handelt und liebevoll sprecht, wohnt der heilige Geist in eurem Innern und wird auch in anderen erweckt. Dann seid ihr das Licht der Welt, und die physische Realität ist nicht mehr so dicht wie zuvor. Das ist die eigentliche Bedeutung des Wortes „Aufstieg".

Wenn Liebe da ist, werden der Körper und die Welt emporgehoben. Sie werden erfüllt vom Licht, von neuen Möglichkeiten und vom Freudentanz des Guten. Die Welt, die ihr seht, wenn der Heilige Geist in eurem Herzen und eurem Leben ist, ist nicht dieselbe, wie die, die ihr seht, wenn ihr mit euren Ego-Bedürfnissen beschäftigt seid. Die Welt, die ihr seht, wenn ihr Liebe gebt, ist nicht die gleiche wie die, die ihr seht, wenn ihr nach Liebe verlangt.

Wenn ihr über den Körper hinausgehen wollt, müßt ihr lernen, ihn liebevoll zu gebrauchen. Denkt und sprecht liebevoll über euch selbst und andere. Seid positiv, konstruktiv, hilfreich. Sucht nicht nach Problemen. Konzentriert euch nicht auf das, was scheinbar fehlt. Gebt Liebe, wann immer sich euch die Gelegenheit dazu bietet. Gebt sie auch euch selbst, wenn ihr traurig seid. Gebt sie anderen, wenn sie zweifeln oder negativ sind.

Seid die Manifestation der Liebe in der Welt. Das ist es, was ihr wirklich seid. Alles andere ist eine Illusion.

Beziehungen

*Die Welt, die du siehst, wenn du Liebe gibst,
ist nicht die gleiche, wie die, die du siehst,
wenn du Liebe forderst.*

Negativität umwandeln

Es ist wichtig, dir deine eigenen negativen Geisteszustände anzuschauen, damit du dir ihrer bewußt werden kannst. Jeder Mensch muß erkennen lernen, auf welche Weise er sein persönliches Leid erschafft, indem er an einer negativen Einstellung zu den Umständen und Ereignissen des Lebens festhält. Wenn du nicht siehst, wie du das tust, wirst du es unbewußt tun. Und dann wirst du nicht verstehen, wieso dein Leben so schwierig ist. Du wirst andere für deine Probleme verantwortlich machen: deine Eltern, deinen Mann oder deine Frau, deine Kinder, deinen Chef, vielleicht sogar Gott.

Ich bitte dich, nicht nur für dein Handeln Verantwortung zu übernehmen, sondern auch für das, was du denkst. Ich bitte dich, die Macht deiner Gedanken zu sehen, zu erkennen, wie sie negative emotionale Zustände erzeugen können, die wiederum unbewußte oder unbedachte Handlungen nach sich ziehen. Erkenne, wie der Gedanke „niemand liebt mich" in einen emotionalen Zustand führt, in dem man sich nicht liebenswert und von anderen abgeschnitten fühlt. Man fängt an, neidisch auf andere zu sein, die anscheinend geliebt werden. Erkenne, wie der Gedanke und der daraus entstehende emotionale Zustand feindselige Handlungen nach sich ziehen, die andere von dir wegstoßen. Der Gedanke „niemand liebt mich" wird so zu einer sich selbst erfüllenden Prophezeiung. Indem man diesen Gedanken denkt, sich ungeliebt fühlt und sich anderen gegenüber feindselig verhält, schneidet man sich selbst von der Liebe ab, nach der man sich doch so sehr sehnt.

Das nächste Mal, wenn dir der Gedanke „niemand liebt mich" in den Sinn kommt, mach ihn dir bitte bewußt. Nimm bewußt wahr, wenn du deprimiert bist. Mache dir bewußt, daß du auf eine Weise sprichst oder handelst, die dich von anderen trennt. Verurteile dich nicht dafür und versuche nicht, etwas daran zu ändern. Lenke einfach nur deine Aufmerksamkeit auf diesen dramatischen Prozeß, der vom Denken zum Handeln führt. Werde dir bewußt, wie deine negativen geistigen und emotionalen Zustände Leid in deinem Leben erzeugen. Erkenne, wie deine Negativität zu einer sich selbst erfüllenden Prophezeiung wird. Jedesmal, wenn es dir gelingt, dich von anderen abzutrennen, bestätigst und untermauerst du deinen Glaubenssatz „niemand liebt mich". Aber die Wahrheit ist, daß du selbst diese Erfahrung erschaffen hast. Es ist nicht wahr, daß dich niemand liebt. Wahr ist, daß du dich nicht geliebt fühlst.

Wenn du beobachtest, wie sich dein Drama entwickelt, wird es dir leichter fallen, Verantwortung dafür zu übernehmen. Dann wirst du anfangen, ehrlich zu dir zu sein. Wenn dir der Gedanke „niemand liebt mich" in den Sinn kommt, wirst du ihn bewußt wahrnehmen und ihn in eine wahrheitsgemäßere Aussage umformulieren: „Ich erkenne, daß ich mich im Moment nicht geliebt fühle."

Anstatt andere für dein Gefühl des Ungeliebtseins verantwortlich zu machen, wirst du die Verantwortung dafür selbst übernehmen. Dieses einfache Umschwenken in bezug auf die Verantwortung für deine negativen emotionalen Zustände, die du nun nicht mehr den „anderen" aufbürdest, sondern selbst übernimmst, ist der Beginn der Heilung.

Wenn du weißt, daß du dich nicht geliebt fühlst, fragst du dich natürlich: „Wie kann ich erreichen, daß ich mich jetzt geliebt fühle?" Und bei genauerer Betrachtung dieser wichtigen Frage erkennst du, daß die einzige Möglichkeit, dich geliebt zu „fühlen", darin besteht, einen liebevollen Gedanken zu „denken". Liebevolle Gedanken erzeugen den emotionalen Zustand des Sich-geliebt-Fühlens. Und dieser positive emotionale Zustand inspiriert dich zu Handlungen, die dich mit anderen verbinden.

Es spielt keine Rolle, ob dieser liebevolle Gedanke auf dich selbst oder jemand anderen gerichtet ist. Jeder liebevolle Gedanke ist geeignet. Liebe ist absolut nicht egoistisch oder wählerisch. Es ist ganz gleich, wen du liebst. Es ist immer in Ordnung. Wenn du einem anderen Menschen Liebe schenkst, schenkst du sie auch dir selbst.

Wenn Angst und Zweifel in deinem Inneren aufsteigen, gibst du ihnen entweder Raum oder nicht. Wenn du ihnen Raum gibst, wirst du irgenwann glauben, daß jemand anderes für dein Unglück verantwortlich ist und es nicht in deiner Macht steht, etwas daran zu ändern. Gibst du den negativen Gedanken jedoch keine Energie, wirst du dich immer und immer wieder daran erinnern, daß du für alles verantwortlich bist, was du denkst, fühlst und erfährst. Wenn du dir eine andere Erfahrung wünschst, mußt du einen anderen Gedanken wählen. Du mußt einen angsterfüllten Gedanken durch einen liebevollen ersetzen.

Dein ständiger Wunsch, von anderen Menschen geliebt zu werden, resultiert aus deinem Unvermögen zu erkennen, daß Liebe nur aus deinem eigenen Bewußtsein kommt. Sie hat nichts mit irgend jemand anderem zu tun. Liebe entspringt deiner Bereitschaft, liebevolle Gedanken zu denken, liebevolle Gefühle wahrzunehmen und auf eine Weise zu handeln, die von Vertrauen und Liebe inspiriert ist. Wenn du dazu bereit bist, wird dein Gefäß überfließen. Dann wirst du ununterbrochen die Liebe haben, die du brauchst, und wirst dich glücklich schätzen, sie anderen schenken zu können.

Der Springbrunnen der Liebe sprudelt in deinem eigenen Herzen. Erwarte nicht, daß andere dir die Liebe, die du brauchst, bereitstellen. Wirf ihnen nicht vor, daß sie dir ihre Liebe vorenthalten. Du brauchst ihre Liebe nicht. Du brauchst deine Liebe. Liebe ist das einzige Geschenk, das du dir selbst machen kannst. Mach dir dieses Geschenk, und das Universum wird mit einem deutlichen „Ja" antworten. Enthalte dir die Liebe vor, und das Versteckspiel wird weitergehen: die Suche nach Liebe an den falschen Orten. Es gibt nur einen Ort, an dem du nach

Liebe suchen und wo du Liebe finden kannst. Keiner, der dort suchte, wurde je enttäuscht.

Das Drama der menschlichen Beziehungen

In einer Beziehung erliegt man leicht der Versuchung zu glauben, daß der andere den Schlüssel zum eigenen Glück in der Hand hält. Wenn dieser Mensch glücklich ist und sich dir gegenüber liebevoll verhält, fällt es dir leicht, positiv zu denken. Doch wenn er erschöpft oder mit sich selbst beschäftigt ist und negative Gedanken oder Gefühle ausdrückt, ist es nicht so einfach, positiv zu bleiben.

Wie du dich fühlst, hängt oft davon ab, wie andere dich behandeln. Aber das ist nicht unvermeidlich. Du kannst das Verhalten anderer dir gegenüber zwar nicht kontrollieren, aber du kannst wählen, wie du auf ihre Gedanken, Gefühle und Handlungen reagieren willst.

Wenn andere Menschen dich verurteilen, wenn sie etwas an dir auszusetzen haben oder dir ihre Liebe verweigern, kannst du erkennen, daß sie sich nicht geliebt fühlen. Sie sind von ihren Ängsten und Zweifeln besessen. Du mußt ganz klar sehen, daß du nicht für ihren emotionalen Zustand verantwortlich bist.

Akzeptiere keine Schuldzuweisungen. Sei in diesem Moment einfach so präsent und liebevoll, wie du sein kannst. Falls du nicht präsent und liebevoll sein kannst, ziehe dich aus der Situation zurück. Reagiere nicht auf die Negativität der anderen Person, laß dich nicht darauf ein. Geh in einen anderen Raum. Mache allein einen Spaziergang. Und arbeite daran, dich selbst liebevoll anzunehmen. Schenke dir selbst Liebe, bis du nicht mehr auf das positive Feedback der anderen Person angewiesen bist. Wenn die Liebe zu dir selbst dich ganz erfüllt und du davon überfließt, richte sie auf diesen anderen Menschen. Denke positive Gedanken. Sei bereit, über das negative Verhalten des anderen hinwegzusehen. Verstehe, daß seine Negativität und seine Selbstschutzmechanismen seiner Angst entspringen. Betrachte das Leid dieses Menschen mitfühlend, auch wenn er es selbst erschaffen hat. Wenn du diesem Menschen wieder begegnest, schenke ihm ein Lächeln, ein freundliches Wort oder umarme ihn. Gib die Liebe an ihn weiter, die du in deinem Inneren gefunden hast.

Liebe beklagt sich nicht, sie streitet nicht, sie beschuldigt nicht. Liebe nimmt den anderen so an, wie er oder sie ist. Liebe geht über die Angst hinweg, weil Angst letztendlich nicht real ist. Sie ist eine vorübergehende Falte im Stoff des Lebens. Falten bleiben nicht ewig. Im nächsten Augenblick kann der Stoff geradegezogen werden, und die Falte verschwindet. Liebe schätzt den Stoff und weiß, daß er flexibel genug ist, um sich an neue Bedingungen anzupassen.

Kein Partner ist immer glücklich und gut gelaunt. Mach dein Glück nicht abhängig vom Glück deines Partners. Das zieht euch nur beide herunter. Hege und pflege deinen eigenen Garten und schenke deinem Partner eine Rose. Wenn du dich weigerst, deinen eigenen Garten zu bestellen, und dich darüber beklagst, daß dein Partner dir niemals Rosen schenkt, wird sich keiner von euch beiden besser fühlen.

Wenn einer der Partner schlecht gelaunt oder niedergeschlagen ist, muß der andere tief in seinem Inneren graben, um die Quelle der Liebe zu finden. Wenn er das innere Licht entdeckt, muß er es eine Weile für beide tragen. So vergißt der andere nicht, daß das Licht existiert, selbst wenn er es in seinem eigenen Inneren vorübergehend nicht sehen kann.

Das heißt nicht, daß einer von beiden die Beziehung allein tragen soll. Beziehungen erfordern Geben und Nehmen. Aber es bedeutet, daß es Zeiten gibt, in denen der eine oder der andere sich der Situation gewachsen zeigen und angesichts der Angst und des Mißtrauens des Partners die Verbindung zur Quelle aufrechterhalten muß. Das ist nie einfach. Aber in einer verbindlichen Beziehung, in der die Partner einander verpflichtet sind, ist es oftmals notwendig.

Verbindlichkeit

Du bist immer zuerst dir selbst gegenüber verantwortlich. Wenn du dich daran hältst, kannst du auch anderen gegenüber Verbindlichkeiten eingehen. Versuchst du jedoch, dich für andere zu engagieren, bevor du dich genug um dich selbst gekümmert hast, wirst du auf deinem Weg gebrochene Herzen und zerstörte Beziehungen zurücklassen.

Wenn du nicht alles Notwendige tust, um glücklich zu sein und zu bleiben, wer wird es dann für dich tun? Erwartest du von deinem Partner, daß er Entscheidungen für dich trifft und daß er dein Leben für dich lebt? Natürlich nicht! Du mußt deine eigenen Entscheidungen treffen, mußt selbst wählen, welchen Weg du gehen willst. Du bist selbst für dein Glück verantwortlich. Dann tu etwas dafür! Zögere nicht! Gib dir die Erlaubnis, dich auf deine innere Quelle der Freude zuzubewegen und deine Gaben auszubreiten. Deine Bereitschaft, das zu tun, ist eine wesentliche Voraussetzung für deine kreative Erfüllung. Das kann kein anderer für dich tun. Auch wenn du einen Partner oder eine Partnerin hast, bleibt diese Verantwortung dir selbst gegenüber bestehen. Du kannst sie an niemand anderen abgeben. Es ist deine, ganz allein deine Verantwortung. Wie eng die Beziehung zu deinem Partner oder deiner Partnerin auch sein mag, er oder sie kann niemals für deine Erfolge oder dein Scheitern verantwortlich sein.

In einer gesunden Beziehung unterstützen die Partner einander darin, Verantwortung für ihr eigenes Glück und ihre eigene Erfüllung zu übernehmen. Sie ermutigen sich gegenseitig und geben sich positive Rückmeldungen. Und dann lassen sie los. Sie vertrauen darauf, daß der andere seinen Weg schon finden wird. Sie urteilen nicht über seine Ziele und versuchen auch nicht, ihn an ihrer Verwirklichung zu hindern.

In einer gesunden Beziehung sind die Partner nicht in den kreativen Prozeß des jeweils anderen verwickelt. Selbst wenn sie zusammenarbeiten, finden sie eine Möglichkeit, den anderen in seiner Autonomie zu unterstützen.

Solange nicht jeder von beiden diese Autonomie besitzt und genügend Zeit und Raum zum wachsen hat, wird sein Partner ihn nicht respektieren. Doch Autonomie ist nur ein wichtiger Aspekt. Eine gemeinsame Vision ist genauso wichtig. Beide müssen gemeinsame Träume, Werte und Hoffnungen haben. Sie müssen eine Vision von einem gemeinsamen Leben haben, in dem sie als Paar voranschreiten.

Wenn entweder die Autonomie oder die gemeinsame Vision der Partner zu schwach ist, wird die Beziehung nicht gedeihen. In manchen Beziehungen ist die gemeinsame Vision stark, aber es mangelt an Autonomie. Dem Paar geht es nicht gut, weil die beiden Individuen nicht zum Wachstum herausgefordert werden. In anderen Beziehungen gibt es zwar genügend Autonomie, aber die gemeinsame Vision ist schwach, es gibt zu wenige gemeinsame Erfahrungen. Die Partner können sich als Individuen gut ausdrücken, aber sie verbringen nicht genug Zeit miteinander. Das hat zur Folge, daß ihre emotionale Verbindung schwächer wird und sie das Gefühl dafür verlieren, weshalb sie beisammen sind.

Weder das eine noch das andere Extrem ist hilfreich oder wünschenswert. Paare müssen sich sowohl als Individuen ausdrücken können, als auch den Sinn für ihr gemeinsames Ziel stärken. In einer gesunden Beziehung fühlen sich die Partner dem eigenen Selbst und der Beziehung in gleichem Maße verpflichtet.

Die Früchte der Partnerschaft

Nicht alle Menschen sind bereit, ihre Verpflichtung sich selbst gegenüber zu erfüllen. Manche stürzen sich in eine Ehe, um die Konfrontation mit sich selbst zu vermeiden, um nicht lernen zu müssen, sich selbst zu lieben und zu nähren. Die meisten dieser Ehen halten nicht auf Dauer, weil auf beiden Seiten zu viel Unsicherheit und Bedürftigkeit herrscht.

In manchen Fällen lernen Menschen durch solche Beziehungen, ihr eigenes Leben zu leben. Hier wird die Beziehung zu einer Art sekundärer Ursprungsfamilie, die dem Individuum die Kraft und das Selbstvertrauen gibt, die es braucht, um selbständig leben zu können. Später, wenn sie sich im Alleinleben bewährt und gelernt haben, ihre individuellen Begabungen auszudrücken, können diese beiden Menschen viel bewußter eine Partnerschaft eingehen und mit einem anderen Menschen eine gemeinsame Vision erschaffen.

Es ist tragisch, wenn zwei Menschen zusammenbleiben, ohne zu Individuen zu werden, aber genauso tragisch ist es, wenn Menschen zusammenbleiben, ohne jemals ein gemeinsames Ziel zu erschaffen. Niemand sollte um einer gemeinsamen Vision willen darauf verzichten müssen, ein authentischer Mensch zu werden, aber ebenso sollte niemand die Erschaffung einer gemeinsamen Realität der Entfaltung des eigenen kreativen Potentials opfern müssen. Diese beiden Dinge schließen sich gegenseitig nicht aus. Sie gehören zusammen und ergänzen sich. Viele der in Beziehungen auftretenden Spannungen und Herausforderungen kreisen um den Versuch, diese beiden Aspekte gleichermaßen zu würdigen und miteinander in Einklang zu bringen.

Zwar muß jeder auf diesem Planeten lebende Mensch lernen, sich selbst zu lieben und zu akzeptieren, aber das ist nur die eine Hälfte unserer Aufgabe auf dieser Daseinsebene. Die andere Hälfte besteht darin, diese Liebe und Akzeptanz auf einen anderen Menschen ausdehnen zu lernen. Wir sind nicht nur aufgefordert, uns selbst über alle Hindernisse hinweg auf unsere innere Freude zuzubewegen, sondern auch unseren Partner auf seinem Weg zur Quelle der Freude zu unterstützen, welche Konsequenzen das für uns auch haben mag.

Es ist lächerlich, so zu tun, als würde uns auch nur eine dieser Aufgaben leicht fallen. Diesen Lektionen muß sich jeder Mensch sein ganzes Leben lang stellen, um Erfüllung zu finden und sich zu vervollkommnen.

Beziehungen bieten euch einen spirituellen Weg von großer Tiefe. Euer Partner ist nicht nur euer Freund, Geliebter und Gefährte, sondern auch euer Lehrer. Sie oder er spiegelt euch eure ganze innere Schönheit, aber auch alle Ängste, Zweifel und Unsicherheiten, die tief in eurer Seele verborgen sind. Indem ihr nach und nach lernt, die offensichtlichen Schwächen und Unvollkommenheiten eures Partners zu akzeptieren, beginnt ihr, eure eigenen verleugneten Ängste zu integrieren. Es gibt vermutlich keinen kürzeren Weg zu psychischer Ganzheit und spirituellem Erwachen als den Weg der Beziehung. Aber er ist auch einer der herausforderndsten Wege.

Wenn ihr diesen Weg wählt, müßt ihr realistisch sein. Natürlich wird eure Partnerschaft hin und wieder frei von Konflikten sein und euch viel Freude schenken – und das ist ein wirklich erstrebenswertes Ziel. Aber es wird genauso viele Zeiten geben, in denen einer von euch verletzt ist und eine Abwehrhaltung einnimmt. Euer Erfolg als Paar zeigt sich nicht in eurer Fähigkeit, Schmerz zu umgehen und zu leugnen, sondern darin, daß ihr gemeinsam durch den Schmerz hindurchgehen könnt, ohne den anderen dafür verantwortlich zu machen.

Habt Spaß miteinander und genießt die Schönheit eures Partners. Aber glaubt nicht, daß ihr versagt habt, wenn Ängste hochkommen und ihr anfangt, euch mehr als Gegner denn als Freunde zu betrachten. Denn das ist der Zeitpunkt, wo eure eigentliche gemeinsame Arbeit beginnt. Wenn es euch gelingt, diese Arbeit der inneren und äußeren Versöhnung zu leisten und euch gleichzeitig weiterhin zu achten und zu lieben, werdet ihr eine starke und tiefe Verbindung schaffen. In diesem Boden muß die Liebe wurzeln, damit sie ihre prächtigste Blüte hervorbringen kann.

Die Liebe wachrufen, die du dir wünschst

Du kannst einen anderen Menschen nicht zwingen, dich so zu lieben, wie du geliebt werden möchtest. Wenn du von anderen bestimmte Liebesbeweise forderst, machst du es ihnen nur schwerer, dir offen zu begegnen.

Wenn du sicher gehen willst, kannst du um das bitten, was du möchtest. Eine klare, eindeutige Kommunikation ist sehr wichtig. Aber wenn du erklärt hast, was du dir wünschst, mußt du dich zurücknehmen und der anderen Person Zeit und Raum lassen, deine Bitte zu erfüllen, soweit es ihr möglich ist. Wenn du das tust, wirst du feststellen, wie tief das Veständnis deines Partners für dich ist und wie bereitwillig er auf deine Wünsche eingehen wird. Du solltest jedes Bemühen deines Partners durch Anerkennung positiv verstärken. Wenn du an den Bemühungen deines Partners, dir etwas Gutes zu tun, stets etwas auszusetzen hast, weil sie nicht perfekt sind oder nicht genau deinen Vorstellungen entsprechen, untergräbst du seine Bereitschaft, auch in Zukunft auf dich einzugehen. Als Gegenleistung für die Bemühungen deines Partners, dich zu erfreuen, kannst und mußt du deine Idealvorstellungen loslassen und dir erlauben, das Geschenk, das dir gemacht wurde, ganz anzunehmen.

Indem du die Bemühungen deines Partners annimmst und würdigst, hilfst du ihm, Freude und Befriedigung darin zu finden, dir etwas zu geben. Und das erweckt in ihm oder ihr den Wunsch, noch mehr zu geben.

Die effektivste Methode, deine Beziehung zu zerstören, besteht darin, deinen Partner dafür zu kritisieren, daß er deine Erwartungen nicht erfüllt. Kritik ist nicht konstruktiv. Dankbarkeit und Lob sind die Bausteine gemeinsamen Glücks.

Wenn du nicht bekommst, worum du gebeten hast, erkenne an, was dir gegeben wurde, und bitte noch einmal um das, was du nicht erhalten hast. Deine Bitte sollte jedoch frei von Wut oder Groll sein. Sonst ist es keine Bitte, sondern eine Zurückweisung. Äußere deine Bitte freundlich und respektvoll und geh davon aus, daß dein Partner sich freuen wird, sie dir erfüllen zu können. Und dann gib ihm oder ihr Zeit und Raum, um authentisch auf dich zu reagieren. Auf diese Weise hast du die größte Chance, zu bekommen, was du dir wünschst.

Manchmal bittest du auf die richtige Art und Weise, und dein Partner ist dennoch nicht in der Lage, auf dich einzugehen. Wenn du weißt, daß du deinen Teil getan hast, um deine Wünsche zu vermitteln und deine Erwartungen loszulassen, mußt du der Tatsache ins Auge sehen, daß dein Partner entweder nicht willens oder nicht fähig ist, deine Bedürfnisse zu erfüllen. Wenn du offen und ehrlich mit deinem Partner darüber sprichst, wirst du normalerweise feststellen, daß er deine Enttäuschung und Frustration teilt. Er hat ebenfalls das Gefühl, daß du nicht genug auf seine oder ihre Bedürfnisse und Wünsche eingegangen bist.

In dieser Situation habt ihr die Wahl: Ihr könnt euch trennen und nach anderen Partnern Ausschau halten, die vielleicht besser auf euch eingehen, oder ihr könnt euer gegenseitiges Versprechen erneuern und damit eure Bereitschaft, liebevoll, akzeptierend und einfühlsam zu sein.

Die zuletzt genannte Wahl ist in den meisten Fällen die bessere, denn die meisten Beziehungen können auf eine höhere Ebene gehoben werden, wenn beide Partner aufhören, sich auf das zu konzentrieren, was sie nicht vom anderen bekommen, und stattdessen ihren Blick auf das richten, was sie einander geben können.

Falls ihr beschließt, euch zu trennen, solltet ihr das auf eine liebevolle Weise tun, ohne an Ärger oder

Verletzungen festzuhalten. Ihr solltet euch gegenseitig so oft wie möglich Liebesenergie schicken. Das ist nicht leicht, wenn eine Beziehung zu Ende geht oder sich verändert, aber Sanftheit und Freundlichkeit sind auf beiden Seiten äußerst wichtig, wenn Heilung für beide Partner möglich sein soll.

Wenn du eine Beziehung beendest, solltest du darüber nachdenken, was du von dem anderen gelernt hast, und dankbar für die gemeinsame Erfahrung sein. Erkenne, was euch getrennt hat, und übernimm die Verantwortung für deinen Anteil daran. Wenn du eine neue Beziehung eingehst, nimm bewußt wahr, wie ähnliche Konflikte auftauchen, und versuche, großzügiger und verantwortungsvoller mit diesen Konfliktpunkten umzugehen.

Wenn du aus deinen Beziehungen lernst, wirst du bemerken, daß du Fortschritte darin machst, ein besserer Partner, eine bessere Partnerin zu sein. Du wirst in der Beziehung ehrlicher und authentischer sein und so mehr Nähe zu deinem Partner herstellen können.

Wenn du in deinen Beziehungen zu verschiedenen Partnern immer wieder mit den gleichen Lektionen, den gleichen unangenehmen Dingen, der gleichen Frustration konfrontiert wirst, solltest du die Möglichkeit in Betracht ziehen, daß sich erst etwas in dir selbst ändern muß, bevor du eine liebevolle Beziehung mit einem anderen Menschen eingehen kannst. Vielleicht kann dir ein guter Therapeut dabei helfen, dir deine Beziehungsmuster anzuschauen – woher sie stammen, und wie sie verändert werden können. Wenn du erkannt hast, auf welche Weise du Nähe vermeidest und Liebe zurückweist, kannst du bewußt daran arbeiten, den Menschen gegenüber offen zu bleiben, die ihr Bestes tun, um dich ihre Liebe und Akzeptanz spüren zu lassen. Und du kannst lernen, die Seiten von dir selbst zu zeigen, die du bisher immer versteckt hast.

Die Schönheit von Beziehungen besteht darin, daß sie wunderbare Lernmöglichkeiten mit sich bringen. Wenn du dir dieses Potentials bewußt bist und die Bereitschaft mitbringst, tief in diese Erfahrung einzutauchen, kannst du nicht enttäuscht werden, wohin sich deine Beziehung auch entwickelt. Keine Beziehung hält ewig. Alles hat seinen natürlichen Anfang und sein Ende. Die Menschen kommen zusammen, weil sie wichtige Dinge miteinander zu lernen haben. Wenn sie diese Lektionen gelernt haben, ziehen sie weiter, um anderen Lehrern und anderen Herausforderungen zu begegnen. So ist es nun einmal.

Wichtig ist, sich keine Sorgen darüber zu machen, wie lange eine Beziehung wohl dauern wird, sondern ihr Energie und Aufmerksamkeit zu widmen, während sie besteht. Teile soviel Freude mit deinem Partner wie möglich. Und lerne soviel wie möglich aus den schmerzlichen Erfahrungen. Tu dein Bestes, um die Kommunikation offen und ehrlich zu gestalten. Sei ein wenig toleranter. Sei flexibel und konstruktiv. Sei der- oder diejenige, der oder die zuerst nachgibt und Liebe schenkt. Gib, ohne dir Sorgen darüber zu machen, was du wohl zurückbekommen wirst. Und wenn du stolperst, dann steh wieder auf und lache über deine eigene Dummheit. Dein Partner – wie herausfordernd er oder sie auch sein mag – bietet dir eine absolut phantastische Gelegenheit zu wachsen und dich zu einem liebevollen Menschen zu entwickeln.

Ich könnte es nicht besser machen als er oder sie. Versuche also, so dankbar wie möglich zu sein. Zähle deine Geschenke jeden Tag. Schicke deinem Partner und dir selbst Liebesenergie. Versichert euch gegenseitig, daß ihr es gut macht. Und ermutige dich ständig, weiterhin zu vertrauen, dich weiter zu öffnen und den anderen in deine Liebe einzuhüllen.

Du wirst nie vollkommen werden in deiner Fähigkeit, Liebe zu geben und zu empfangen. Versuche nicht, es zu sein. Versuche einfach, ein wenig offener für das Geben und Nehmen zu werden. Vergiß nicht, daß du dich in einem Lernprozeß befindest. Du wirst Fehler machen. Du wirst deinen Erwartungen nicht immer gerecht werden – und auch deinem Partner wird das nicht gelingen. Akzeptiere deine Fehler und segne sie. Akzeptiere die Fehler deines Partners und segne ihn für seine Bereitschaft, sich weiterhin für die Liebe zu öffnen. Mehr kann keiner von euch beiden tun.

In eurer Bereitschaft zu lernen liegt eine Vollkommenheit, die ihr gar nicht sehen könnt, außer vielleicht, wenn ihr an eure eigenen Kinder denkt. Wenn ihr euch in Erinnerung ruft, wie sie in ihrer Kindheit waren, liegt euer Augenmerk nicht auf den Fehlern, die sie gemacht haben. Ihr erinnert euch vielmehr daran, wie sie sich bemüht haben, das Leben zu erforschen und daraus zu lernen. Ihr übersecht ihre Fehler und freut euch über ihren unbezähmbaren Entdeckergeist.

Könntet ihr euch selbst und euren Partner mit den gleichen liebevollen, mitfühlenden Augen sehen, würdet ihr eure eigenen Fehler und Irrtümer relativieren. Ihr würdet euch über eure Stärken freuen und euch eure Schwächen vergeben. Ihr würdet einander im Lichte gegenseitiger Vergebung und Wertschätzung sehen.

Zwei Menschen, die sich in ihrer Beziehung immer wieder vergeben, können für immer zusammenbleiben. Vielleicht wählen sie das nicht bewußt, aber nichts könnte sie davon abhalten, wenn sie es wollten. Wenn einer oder beide beschließen, daß eine Änderung notwendig ist, bitten sie liebevoll und respektvoll darum und warten geduldig, bis der andere bereit ist, ihren Wunsch zu akzeptieren.

Es gibt in euren engsten Beziehungen nichts Heilsameres als Vergebung. Kein anderer Bereich eures Lebens bietet euch so viele Gelegenheiten, eure Wunden zu verstehen und zu heilen. Euer Partner ist eure Hebamme, die euch hilft, in euer volles Potential hineingeboren zu werden. Dank ihm oder ihr lernt ihr, die alten Muster aufzugeben, die eurem Glück im Wege stehen. Im Spiegel, den euer Partner für euch hochhält, entdeckt ihr eure Ganzheit und lernt, der Welt euer Geschenk darzubieten.

Kreativität und Fülle

Fülle bedeutet nicht, eine Menge Geld oder materielle Besitztümer zu haben.
Es bedeutet, daß du hast, was du brauchst, daß du es weise nutzt und daß du das, was du nicht selbst brauchst, an andere weitergibst.
Du bist integer und dein Leben ist im Gleichgewicht.
Du besitzt nicht zuviel. Du besitzt nicht zu wenig.

Kreative Energie

Jeder Form von Energie wohnt ein kreatives Potential inne. Dieses kreative Potential wird dadurch begrenzt, daß sich die Energie in der Form manifestiert. Es liegt in der Natur der Sache, daß Form begrenzend und einengend wirkt. Indem sie ihr kreatives Potential begrenzt, kanalisiert Form Energie und lenkt sie in bestimmte Richtungen. Form begrenzt also bestimmte Energiepotentiale und ermöglicht damit anderen Potentialen, sich in der dreidimensionalen Realität auszudrücken.

Form trifft eine Wahl. Sie hebt einige Aspekte hervor und läßt andere in den Hintergrund treten. Sie setzt Prioritäten. Sie läßt ein bestimmtes Bild entstehen. Ohne Form gäbe es keine Kunstwerke. Energie wäre allgegenwärtig und damit unsichtbar oder nicht manifest. Manifestation ist die Festlegung der

Energie auf eine bestimmte Richtung oder ein Ziel. Es ist die Bewegung vom Unbegrenzten zum Begrenzten, vom Abstrakten zum Konkreten, vom Unsichtbaren zum Sichtbaren hin.

Jede manifeste Kreativität ist ein Dialog zwischen Energie und Form. Auf unserer Realitätsebene ist es bedeutungslos, von Energie zu sprechen, wenn man nicht gleichzeitig über Form spricht. Es ist sinnlos, über den Ausdruck deiner kreativen Energie zu sprechen, wenn du nicht gleichzeitig über die Ausdrucksformen sprichst, die du in deinem Leben wählst. Was du ißt, was du denkst, wie du atmest und wie du sprichst, bestimmt die Art und Weise, wie sich Energie über das Vehikel deiner Körper/Geist-Einheit ausdrückt. Jede Wahl, die du in deinem Leben triffst, beeinflußt deine Art und Weise, Energie abzugeben oder zu empfangen.

Du bist eine belebte Form, ein Energiekörper. Dein Geist/Körper-Bewußtsein ist ein temporäres Gefäß für die universale Schöpfungsenergie. Diese Energie bringt sich auf einzigartige Weise durch dich zum Ausdruck – durch deine Gene und Chromosomen genau wie durch deine Persönlichkeitsstruktur. Wenn sich dein Geist/Körper-Bewußtsein durch Liebe erweitert, kannst du die universale Schöpfungsenergie offener geben und empfangen. Ziehst du dich dagegen vor Furcht zusammen, nimmt deine Fähigkeit, diese Energie zu geben und zu empfangen, ab.

Es liegt in der Natur von Energie, sich auszudehnen. Und es liegt in der Natur von Form, sich zusammenzuziehen. Das ist einer der unvermeidlichen Gegensätze, mit denen du leben mußt.

Die Schöpfungsenergie will dich öffnen, und die Struktur deiner Geist/Körper-Einheit wehrt sich gegen diese Ausdehnung. Es ist wichtig zu erkennen, daß alle Strukturen der Vergangenheit angehören, während Energie nur im gegenwärtigen Moment existiert. Sie ist wie vorbeifließendes Wasser, das du vom Ufer eines Flusses aus beobachtest. Es ist nie dasselbe Wasser, das du betrachtest. So ist auch die Energie in deinem Innern nie dieselbe Energie, die noch vor fünf Minuten da war. Es ist immer neue Energie. Und das ist gut so, denn es bedeutet, daß du nie an die Vergangenheit gekettet bist. Jede Veränderung deines Bewußtseins in der Gegenwart wirkt sich unmittelbar auf die durch dich hindurchfließende Energie aus. In dem Maße, in dem dein Körper gesünder und deine Persönlichkeitsstruktur flexibler und ausgeglichener wird, nimmt deine Fähigkeit zu, auf der physischen, emotionalen, mentalen und spirituellen Ebene Energie zu geben und zu empfangen.

Du bist ein fortwährender Dialog zwischen Energie und Form. Wenn du Angst hast, ziehst du dich auf allen Ebenen deines Seins zusammen. Die Energie wird in deiner Geist/Körper-Einheit eingeschlossen, und du spürst körperliche Spannungen oder Schmerzen, erlebst emotionalen Aufruhr und mentale Angstzustände. Wenn du diese Symptome ignorierst, können sie größere Probleme verursachen: körperliche Krankheit, das Zerbrechen einer Beziehung oder finanzielle Schwierigkeiten.

Bist du dagegen voller Liebe, fließt die Energie mühelos durch deine Geist/Körper-Einheit hindurch. Du fühlst dich körperlich wohl, emotional stark und flexibel und mental offen und wach. Du empfindest Dankbarkeit für alles, was du jetzt in deinem Leben hast und erfährst, und bist offen für neue Möglichkeiten.

Eine von Angst vor dem Leben geprägte Haltung führt zu abwehrendem, kontrollierendem Verhalten, das Liebe und Fülle von dir wegtreibt. Eine von Liebe geprägte Haltung zeigt sich in zuversichtlichem, vertrauensvollem Handeln, in dem sich die Wertschätzung anderer Menschen spiegelt und das in diesen den Wunsch weckt, dich zu unterstützen und zu umsorgen.

Liebe öffnet die Geist/Körper-Einheit für ihr maximales Energiepotential und bewirkt, daß andere förmlich „spüren", wie die Energie der Akzeptanz, Dankbarkeit und Freundlichkeit direkt zu ihnen hinfließt. Dies öffnet wiederum ihre Herzen und ihr Bewußtsein für ihr eigenes Potential und befähigt sie, ihre kreativen Gaben mit anderen zu teilen. Auf diese Weise wird Fülle in der Welt erzeugt.

Wie das Ego Fülle verhindert

Die Schöpfungsenergie ist interpersonal und transpersonal. Sie fließt durch dich hindurch zu anderen hin und durch andere zu dir hin. Und obwohl diese Energie dich erhält und trägt, ist sie nichts, das du persönlich besitzen kannst. Niemand ist auf besondere Weise mit ihr verbunden. Sobald jemand Anspruch darauf erhebt, im Besitz dieser Energie zu sein, ist seine oder ihre Verbindung zu ihr gestört.

Wenn eure Beziehungen von gegenseitigem Vertrauen und gegenseitiger Achtung geprägt sind, erzeugt ihr eine energetische Verindung, die von der Liebesenergie des Universums getragen wird. Deshalb sagte ich einst: „Wenn zwei oder mehr in meinem Namen versammelt sind, bin ich mitten unter ihnen."

Wenn ihr euch auf die universale oder Schöpfungsenergie einschwingen wollt, müßt ihr eure egoistischen Ziele aufgeben. Euer Ego geht von der Grundannahme aus, daß ihr Menschen und Ereignisse manipulieren könnt, um die von euch gewünschten Resultate zu erzielen. Euer Ego ist selbstsüchtig und kurzsichtig. Es berücksichtigt nicht das Wohl anderer und damit auch nicht euer eigenes Wohl, auch wenn ihr das vielleicht glaubt.

Wenn du jemanden um etwas betrügst, was er oder sie verdient hat, verlierst du nicht nur, was du zu gewinnen glaubtest, sondern auch noch das, was du durch weniger egoistisches Verhalten hinzugewonnen hättest. Jeder Versuch, durch Selbstsucht etwas zu gewinnen, führt zu Verlust und Niederlage, weil das Universum selbstsüchtiges Handeln nicht unterstützt.

Diejenigen, die andere übervorteilen oder ausbeuten, mögen einen starken Willen und außerordentliche Fähigkeiten besitzen, aber das kann den Verlust ihrer Verbindung zur Schöpfungsenergie nicht ausgleichen. Andere, die genauso entschlossen sind, werden sich zusammenschließen und sie am Ende mit Hilfe unsichtbarer Kräfte besiegen, denn David besiegt Goliath immer. Nicht, weil er größer oder stärker ist, sondern, weil seine Motive rein und klar sind und weil sein Herz voller Liebe ist.

Obwohl es manchmal so aussieht, als könne die Angst mehr Kräfte auf ihrer Seite zusammenziehen als die Liebe, kann sie diese Kräfte niemals zusammenhalten. Von Angst beherrschte Kräfte streben immer auseinander. Wenn sich die selbstsüchtigen Erwartungen einer Gruppe nicht mehr erfüllen, löst sie sich auf oder läuft zur anderen Seite über. Die Liebe ist stärker und ausdauernder als die Angst, weil sie friedlich und geduldig ist. Wenn sie nicht sofort Hilfe von außen anzieht, verzweifelt sie nicht, sondern findet Trost und Zuversicht in der Stärke und Klarheit, die sie bereits besitzt.

Ich sagte einst zu euch: „Die, die mit dem Schwert leben, werden durch das Schwert umkommen." Diejenigen, die andere übervorteilen, werden ihren eigenen fehlgeleiteten Handlungen zum Opfer fallen.

Das ist der Weg der karmischen Reise. Jedesmal, wenn du versuchst, einen anderen Menschen zu verletzen, verletzt du in Wirklichkeit nur dich selbst. Denn all deine gegen andere gerichteten Gedanken und Handlungen kehren am Ende zu dir zurück. Nur derjenige, der wahrhaft vergibt und auf Rache verzichtet, durchbricht den Teufelskreis der Gewalt.

Wenn du dich einem Leben in Fülle öffnen willst, mußt du die Vorstellung aufgeben, daß du durch die Verluste eines anderen etwas gewinnen kannst. Das entspricht dem angstbesetzten Denken des Ego-Bewußtseins, welches erkannt und zurückgewiesen werden muß, wenn sich in deinem Leben neue Muster entwickeln sollen.

Glücklicherweise gibt es einen anderen Weg, einen, der an dem Punkt beginnt, an dem du erkennst, daß dein Wohl und das Wohl deines Bruders oder deiner Schwester ein und dasselbe ist. Indem du akzeptierst, daß du und andere gleich sind, verbindest du dich wieder mit der Schöpfungsenergie, und diese Energie wird dich nähren und unterstützen. Und weil du getragen wirst, brauchst du dich nicht umsonst abzumühen. Die Dinge geschehen spontan zu ihrer Zeit. Aber es wird stets von dir verlangt, daß du deine Erwartungen losläßt, damit die Arbeit durch dich hindurch und mit dir geschehen kann.

Auch wenn dein Arbeitsbereich dir gehören mag, gehört die Arbeit als Ganzes niemals dir allein. Denn das Werk der Schöpfung ist immer ein gemeinsames Werk. Es kann nicht vollendet werden, ohne daß viele ihren Beitrag dazu leisten. Dein Puzzlestück muß sich ins Gesamtbild einfügen, sonst steht die Integrität des Ganzen auf dem Spiel.

Die Anforderungen, die auf diesem Weg an dich gestellt werden, sind genauso groß wie die, welche auf dem ego-orientierten Weg der Manipulation und des Kampfes auf dich warten. Doch die Belohnungen, die der spirituelle Weg für dich bereithält, sind weitaus größer, denn diejenigen, die diesem Weg folgen, finden das wahre Glück. Weil sie anderen dienen, dient die Liebe ihnen. Weil sie geben, ohne eine Gegenleistung zu erwarten, erfreut sie das Universum mit unerwarteten Geschenken. Weil sie freudig im Hier und Jetzt leben, entfaltet sich die Zukunft anmutig vor ihnen. Wenn sie mit Herausforderungen konfrontiert werden, erheben sie sich und stellen sich ihnen. Wenn sie enttäuscht werden, schauen sie nach innen und geben die Widerstände auf, die sie daran hindern, die Gegenwart der Liebe in ihrem Leben wahrzunehmen.

Vier Schritte zur Freiheit von Angst

Du glaubst, daß dein Ego weiß, was gut für dich ist, und daß es dir alles verschaffen kann, was du willst. Das ist nicht wahr, und es war niemals wahr, und doch fällst du jedesmal, wenn du eine Strategie des Egos übernimmst, auf diese Vorstellung herein. Das Ego verspricht dir alles, was du willst, aber wie oft liefert es dir das Gewünschte? Wenn du diese Frage ehrlich beantwortest, mußt du zugeben, daß es dir niemals gibt, was es verspricht.

Alle Pläne des Egos sind von Angst motiviert. Du hörst auf seine Stimme, weil du dich fürchtest. Hättest du keine Angst, würdest du auf eine andere Stimme hören. Das Ego bietet dir scheinbar einen Ausweg aus der Angst, aber wie kann das, was aus der Angst hervorgeht, dich aus ihr herausführen? Das ist unmöglich. Nur etwas, das aus einem angstfreien Raum kommt, kann dir den Weg aus dem Labyrinth der Angst zeigen. Der Schlüssel zur Freiheit ist das bewußte Wahrnehmen und Anerkennen deiner Angst. Wenn du erst einmal weißt, daß du dich fürchtest, weißt du auch, daß jede Entscheidung, die du in diesem Zustand triffst, kontraproduktiv ist.

Wenn du Angst hast, besteht die einzig konstruktive Strategie darin, die Angst anzuerkennen, zu erkennen, daß du im Moment nicht in der Lage bist, positive Entscheidungen zu treffen, und dann daran zu arbeiten, die Angst anzunehmen und hindurchzugehen. Hier sind vier einfache Schritte, die dir dabei helfen können:

Erstens: Erkenne an, daß du Angst hast. Nimm die Anzeichen wahr, durch welche die Angst sich äußert: schnelles, flaches Atmen, Herzklopfen, Nervosität, Anspannung, Angriffslust, Wut. Nimm deinen physischen, emotionalen und mentalen Zustand bewußt wahr, ohne ihn zu bewerten und ohne zu versuchen, ihn zu ändern. Gestehe dir deinen Zustand ein. Falls eine andere Person involviert ist, bekenne auch dieser Person gegenüber deine Angst.

Zweitens: Erkenne, daß die Lösung, die das Ego dir anbietet, von Angst motiviert ist. Verstehe, daß dein Ego stets eine Lösung für jedes von dir wahrgenommene Problem parat hat. Aber wenn du diese Lösung akzeptierst, wirst du nicht mehr Frieden haben als zuvor. Du wirst oft noch mehr Wut empfinden, dich noch mehr als Opfer fühlen, dich anderen gegenüber noch mißtrauischer und ablehnender verhalten. Die Lösung des Egos kann dir keinen Frieden bringen. Sie kann allerdings dazu beitragen, daß du dich noch unwohler fühlst, bis du deinen unbehaglichen Zustand schließlich erkennst.

Drittens: Akzeptiere deine Angst. Nimm sie ganz und gar an. Sage dir: „Es ist in Ordnung, daß ich Angst habe. Ich will eine Weile bei meiner Angst bleiben. Ich will versuchen zu erspüren, warum gerade jetzt Angst in mir aufsteigt." Analysiere nicht.

Geh nicht in den Kopf. Bleibe in deinem Emotionalkörper und fühle, was dort vor sich geht. Du wirst wissen, wann du genug hingespürt hast, denn dann wirst du ruhiger werden, obwohl du keine Lösung für dein Problem gefunden hast.

Viertens: Sage dir: „Ich muß jetzt keine Entscheidung treffen. Ich kann warten, bis meine Angst nachläßt, bis ich so klar sehe, daß ich die notwendige Entscheidung treffen kann."

Mit diesen vier Schritten bringst du dir selbst Liebe und Akzeptanz entgegen. Und von diesem mitfühlenden Standpunkt aus kannst du eine angstfreie Lösung für dein Dilemma finden. Setze dich jedoch nicht unter Druck. Druck ist nur noch mehr aufsteigende Angst. Sei weiterhin liebevoll zu dir selbst und akzeptiere deine Angst. Sei geduldig und laß die Antwort auf dein Problem aus einem angstfreien Raum deiner Psyche aufsteigen. Wisse, daß das Ego keines deiner Probleme lösen kann. Trotz seiner ständigen Versprechungen, weiß es nicht, was du brauchst. Wie sehr es sich auch anstrengen mag, Angst kann niemals Liebe hervorbringen. Je stärker sein Bemühen, desto größer sein Mißerfolg. Und je mehr es scheitert, desto mehr strengt es sich an. Diese Abwärtsspirale sinnloser Anstrengung hat kein Ende, bis man die Angst akzeptiert wie sie ist und nicht mehr erwartet, mit ihrer Hilfe eine Lösung zu finden. Wenn es in Ordnung ist, Angst zu haben, kommt die Angst vom Haken los und du ebenfalls.

Gottes Antwort hören

Weder die Angst noch das Ego sind deine Feinde. Jeder hat Angst. Jeder hat ein Ego. Ich fordere dich nicht auf, deine Angst loszuwerden, sondern, sie bewußt wahrzunehmen und zu akzeptieren. Ich fordere dich nicht auf, dein Ego loszuwerden, sondern seine Existenz mitfühlend anzuerkennen, während du gleichzeitig klar erkennst, daß es dir weder zu Einsicht noch zu innerem Frieden verhelfen kann.

Wenn du Gottes Antwort hören willst, mußt du dir zunächst voller Mitgefühl anhören, was dein Ego zu sagen hat. Sag zu dem ängstlichen, verletzten, wütenden Wesen in deinem Innern: „Ich sehe, daß du Angst hast, und das ist in Ordnung. Ich verstehe das. Und ich verstehe, was du tun willst. Ich werde darüber nachdenken. Aber jetzt möchte ich für die Möglichkeit offen bleiben, daß man dieses Problem auf eine andere, bessere Weise betrachten kann, als wir es im Augenblick tun." Wenn du so liebevoll mit deinem Ego sprichst, wird es ruhiger, weniger ängstlich und merkt, daß es gehört wird. Der simple Akt, den ängstlichen Aspekt des Selbst liebevoll und freundlich anzusprechen, führt zu einem Kurswechsel in der Psyche – weg von der Angst.

Du kannst die Gegenwart Gottes nicht wahrnehmen, bevor du deine Angst liebevoll anerkannt hast. Indem du allen Aspekten deines Selbst Liebe und Akzeptanz zuteil werden läßt, bereitest du den Boden für das Göttliche. Du richtest in deinem inneren Tempel einen Platz für Gott her. Und Gott wird kommen. Übe dich in dieser einfachen Praxis, und du wirst es sehen. Gott wird kommen und mit dir sprechen. Die Stimme, die du dann vernimmst, wird dir Frieden und Erkenntnis bringen. Die Stimme, die du dann hörst, verbindet dich energetisch mit dem Liebesbewußtsein. Du wirst nicht mehr derselbe Mensch sein, nachdem du zum ersten Mal mit dem Gott in deinem Innern kommuniziert hast. Denn alles Leid wird von dir abfallen. Du bewegst dich in der Schwingung des Annehmens. Du akzeptierst dein Leben und alle Menschen, mit denen du zu tun hast, wie sie sind. Du wirst die Vollkommenheit deines Lebens erkennen und verstehen, was von dir verlangt wird, selbst wenn du dieses Verständnis nicht in Worte fassen kannst.

Wenn Probleme auftauchen und du Angst bekommst, dann erinnere dich an diese Worte: „Es ist in Ordnung, Angst zu haben. Es ist in Ordnung, keine Antwort zu wissen." Das ist der Beginn deiner Hingabe an das Göttliche in deinem Innern. Die göttliche Kraft, die weiß, kann das Steuer nicht übernehmen, solange du nicht erkennst, daß du nichts weißt, und solange du nicht um Hilfe bittest. Solange du die Dinge unter Kontrolle behalten willst, kann Gott nichts tun.

Und wer sonst, meine Freunde, ist Gott, als derjenige in eurem Inneren, der weiß und versteht, derjenige, der euch bedingungslos liebt und akzeptiert – unter allen Umständen, jetzt und in alle Ewigkeit? Dieses Wesen wohnt nicht außerhalb von euch, sondern im Herzen eures Herzens, in eurem tiefsten Innern. Wenn ihr aufrichtig bittet, ist er der Eine, der antwortet. Wenn ihr anklopft, ist er der Eine, der euch die Tür öffnet. Ihr könnt Gott nicht begegnen, solange ihr voller Angst seid und glaubt, ihr wüßtet die Antworten. Als erstes müßt ihr euch eure Angst und Unwissenheit eingestehen. Und dann müßt ihr euch selbst so liebevoll segnen, daß ihr sogar eure Angst und Unwissenheit annehmen könnt. Dieser Weg führt zu dem Gott, der euch bedingungslos liebt.

Auf wen sonst könntet ihr euch in eurem Kampf verlassen? Könntet ihr euch auf die Stimme eures ängstlichen inneren Kindes verlassen, das sich ungeliebt und als Opfer fühlt und das bereit ist, andere anzugreifen oder zu hintergehen, nur um die eigene Haut zu retten? Ich glaube nicht!

Wenn ihr die Wahl habt zwischen dem greinenden Kind und der liebenden Mutter, wird es euch nicht schwerfallen zu erkennen, wer euch trösten kann. Und indem ihr auf die Stimme der liebenden Mutter hört, tröstet ihr auch das ängstliche Kind.

Der Mythos des Bösen

In Wirklichkeit sind Mutter und Kind nicht getrennt. Es scheint nur so. Gott und der Teufel sind nicht getrennt, es scheint nur so. Das Kind besitzt keine eigene, von der Mutter getrennte Autorität, wie auch der Teufel keine eigene, von Gott getrennte Autorität besitzt.

Falls der Teufel existiert – und er existiert nicht als eigenständiges, unabhängiges Wesen – dann ist er nichts anderes als die Personifizierung des kollektiven Egos, die Beschreibung eines Wesens, das versucht, in Opposition zum Willen Gottes zu leben. Wenn Gott allmächtig ist, und das ist SIE/ER, denn

SIE/ER ist alles, was ist, dann kann der Teufel sich nur mit Gottes Erlaubnis gegen Gott stellen. Wenn es einen Teufel gibt – wenn es das Böse in der Welt gibt – kann es nur existieren, weil Gott ihm erlaubt zu existieren. Warum aber sollte Gott dem Bösen erlauben, in der Welt zu existieren? Warum sollte Gott zulassen, daß einer seiner Engel so tief fällt? Die Antwort lautet: „ER/SIE tut es nicht." „Das Böse" gibt es nicht. Und es gibt auch keinen Teufel. Was ihr seht, ist nicht das Böse, sondern eure Wahrnehmung des Bösen. Ihr nehmt wahr, daß Menschen böse sind. Und in der Tat scheinen ihre Handlungen diese Wahrnehmung zu bestätigen. Aber sie sind nicht böse, obwohl ihr Handeln lieblos und grausam sein kann.

Wenn ihr das Bewußtsein eines Menschen verändern könntet, so daß er liebevoll anstatt lieblos handeln würde – wäre er dann immer noch böse? Natürlich nicht! Ihr müßt ihm die Möglichkeit der inneren Umkehr zugestehen.

Solange es diese Möglichkeit gibt, kann es das absolut Böse nicht geben. Manche Menschen verhalten sich auf eine Weise, die „böse" zu sein scheint, aber sie erscheint nur böse im Vergleich zu den Handlungen anderer Menschen, die „gut" zu sein scheinen. Solange du den „Bösen" aufforderst, sich mit dem „Guten" zu vergleichen, wird er immer den Kürzeren ziehen. Er wird sich schämen und sich nicht ändern können. Du hilfst einem schuldbeladenen Menschen nicht, indem du seine Schuld bestätigst.

Stattdessen kannst du ihm sagen, daß du ihn liebst und daß er der Liebe wert ist. Du sagst ihm, daß er in Wirklichkeit „gut" ist, nicht „böse". Du sagst ihm, daß er bisher nicht als der gesehen wurde, der er in Wirklichkeit ist. Diejenigen, die ihn mißbrauchten, vernachlässigten oder demütigten wußten nicht, wer er ist. Aber du weißt es. Und du sagst ihm jetzt, daß er „gut" ist und daß du bereit bist, ihn zu lieben und sein Freund zu sein.

Kannst du dir vorstellen, was geschehen würde, wenn eure Gesellschaft das zu ihren Schwerverbrechern sagen würde? Zu Vergewaltigern und Mördern? Doch genau das muß sie tun, wenn sie diese Menschen nicht in ihrer Schuld bestärken und den Kreislauf der Gewalt aufrechterhalten will.

Wenn ihr wollt, daß jemand liebevoll handelt, müßt ihr bereit sein, ihn zu lieben. Nur eure Liebe zu ihm wird ihm die Bedeutung der Liebe klarmachen. Leere Worte und Versprechungen genügen nicht.

Du, mein Freund, meine Freundin, mußt dein Ego lieben – dein wütendes, mißbrauchtes Kind, deinen inneren Teufel, deine Fähigkeit zu lieblosen Gedanken und Handlungen, damit dieser gefallene Engel, dieses in der Krippe deines Herzens verborgene Christkind von falschen Wahrnehmungen erlöst und als das erkannt werden kann, was es ist. Solange du das nicht tust, kannst du deine Ganzheit nicht erfahren.

Du, mein Freund, meine Freundin, mußt deinen Feind lieben, denjenigen, auf den du deine eigenen Ängste und Unzulänglichkeiten projizierst, denjenigen, den du für deine Probleme verantwortlich machst, den Teufel im anderen, damit du mit anderen Menschen Frieden schließen kannst und lernst, dich selbst zu lieben und anzunehmen.

Die innere Synergie und die äußere Heilung sind untrennbar miteinander verbunden. Solange du im Inneren oder im Äußeren einen Feind findest, bekämpfst du die Wahrheit über dich und andere. Solange du das Böse oder den Teufel als etwas betrachtest, das außerhalb deines eigenen angstbesetzten Verstandes eine eigenständige Existenz besitzt, kreuzigst du dich selbst und verdammst die Welt.

Solche Gedanken und Glaubensmuster sind nicht hilfreich. Ich habe es bereits gesagt und sage es noch einmal: Gib acht, wen du verurteilst. Du könntest es selbst sein. In jedem Teufel, den du siehst, mußt du einen Engel entdecken, einen gefallenen Engel, der deine Liebe braucht, um wieder aufsteigen zu können. Wenn du diese Liebe gibst, wirst du feststellen, daß auch du aufgestiegen bist.

Jeder Mensch muß sich über Ängste und Vorurteile erheben, weil er sonst riskiert, von der Liebe getrennt zu bleiben. Denn jegliche Barrieren, die ihn (oder sie) von der Liebe trennen, liegen im eigenen Herzen und müssen dort beseitigt werden.

Warte nicht darauf, daß der Himmel auf die Erde kommt, um anderen deine Liebe zu schenken. Tu es jetzt. Denn der Himmel ist jetzt hier. Er ist in deinem Herzen, wenn du dich für die Liebe öffnest. Er ist in deinen Augen, wenn du mit Akzeptanz und Mitgefühl schaust. Er ist in deinen Händen, wenn du sie ausstreckst, um zu helfen. Er ist in deinem Geist, wenn du „Gutes" statt Böses siehst.

Deine Sichtweise der Welt bestimmt, wie die Welt für dich ist. Solange du hier bist, ist das die Wahrheit. Versuche also nicht, andere Menschen oder die

Welt um dich herum zu verändern, sondern schau in dein eigenes Herz, in deine eigene Gedankenwelt. Höre die kritische Stimme, die Urteile, die Schreie nach Rache, und du weißt, wo Liebe gebraucht wird.

Du kannst deinen Nächsten nicht retten, solange dein eigenes Herz voller Angst ist. Kümmere dich also um deine eigene Angst und beschäftige dich nicht mit den Ängsten anderer. Solange du deine eigene Angst nicht angeschaut und angenommen hast, kannst du deinem Bruder oder deiner Schwester nicht beistehen.

Verständnis und Mitgefühl

Willst du mit Verständnis und Mitgefühl leben, mußt du erkennen, daß Gott die einzige Autorität ist. Alles ist Gott, sogar das, was ohne Gott zu existieren versucht. Denn das, was ohne Gott zu existieren versucht, ist einfach ein Teil Gottes, der sich selbst nicht akzeptiert. Es ist Gott, der vorgibt, nicht Gott zu sein.

Menschen, die als „böse" bezeichnet werden, sind allein durch ihre eigenen Handlungen von Gott getrennt. Sie fühlen sich ungeliebt und handeln auf lieblose Art und Weise. Aber Gott hat nicht aufgehört, sie zu lieben. Gott kann überhaupt nicht aufhören, irgend jemanden zu lieben. Denn Gott ist Liebe, immer, in jedem Augenblick.

Jede Sünde ist nur ein vorübergehender Moment der Trennung. Diese Trennung kann nicht endgültig sein. Jedes Kind, das vor Gottes Liebe davonläuft, wird irgendwann zurückkehren, weil es zu schmerzhaft ist, von der Quelle des Lebens getrennt zu sein. Wenn der Schmerz zu groß wird, kehren alle um. Alle ohne Ausnahme.

Die Welt ist ein Klassenzimmer, in dem wir alles lernen müssen, was uns zur Erlösung führt. Jeder Mensch, der hierher kommt, versucht auf die eine oder andere Weise, getrennt von Gottes Willen zu leben. Jeder Mensch durchlebt Angst und hört auf die Stimme des Egos. Einige begreifen einfach nur schneller als andere, daß sie in der Trennung keine Liebe finden können.

Und jeder Mensch wünscht sich Liebe. Selbst das Ego sehnt sich danach. Es weiß nur nicht, wie es Liebe hervorbringen kann. Und so träumt das Kind, das sich von den Eltern entfernt hat, noch immer von der Liebe der Eltern, aber es weiß nicht, daß es deren Liebe ist, nach der es sich sehnt. Es glaubt, die Liebe von jemand anderem zu brauchen. Also sucht es nach einem anderen, der es lieben soll, wenn niemand anders es lieben kann oder will. Das Geschenk der Liebe wurde ihm angeboten, aber es hat es verschmäht. Es kann jederzeit umkehren und diese Liebe annehmen. Oder es kann stur und stolz weitergehen und nach einem Ersatz für die Liebe suchen, die es zurückwies.

Das ist die Entscheidung, die jeder von euch in jedem Augenblick treffen muß. Wollt ihr euch den liebenden Eltern zuwenden oder euch ängstlich abwenden? Wollt ihr Gottes Autorität anerkennen oder wollt ihr sie leugnen?

Was Gott für dich will, dient immer nur deinem Wohl, aber das ist etwas, was du erst lernen mußt. Wenn du bereit bist, die Sichtweise deines Egos in bezug auf die Ereignisse und Umstände deines Lebens loszulassen, und zuläßt, daß dir ihre Bedeutung von dem Einen offenbart wird, der sie versteht und so geschehen lassen will, wirst du erkennen, daß alles, was dir begegnet, dazu dient, dein Herz für die Liebe zu öffnen. Und während du dich öffnest, gehst du durch Ängste hindurch und läßt sie hinter dir. Denn du weißt, daß die Angst dich nicht heimführen kann.

Die Ökonomie der Liebe

Wie du wahrscheinlich weißt, können eure politischen Systeme keinen Frieden auf dieser Erde schaffen, solange die Menschen, die auf ihr leben, keinen Frieden und kein Glück in ihren Herzen tragen. Wenn sie es tun, werden sie die Welt mit anderen Augen sehen und es wird ihnen leichter fallen, Liebe und Unterstützung zu geben und zu empfangen. Menschen, deren Geist und Herz offen ist, sind von Dankbarkeit erfüllt, sie erfahren Liebe und Fülle und geben sie ganz selbstverständlich weiter. Sie müssen gar nichts Besonderes tun. Weil sie offen sind, kommt alles, was sie brauchen, auf sie zu. Und weil sie fürsorglich und mitfühlend sind, geben sie alles, was sie nicht für sich selbst brauchen, an die weiter, die es nötig haben. Das ist das Gesetz der Liebe. Es beruht auf Vertrauen und Glauben. Menschen, die sich auf das Gesetz der Liebe einschwingen, müssen nicht an ihrem Besitz festhalten und ihn schützen, denn sie wissen, daß ihnen alles ohnehin nur vorübergehend gegeben wird. Es wird ihnen gehören, solange sie es brauchen, und wenn sie es nicht mehr brauchen, wird es aus ihrem Leben verschwinden.

Menschen, die sich auf das Gesetz der Liebe einschwingen, lernen stets, ihre Bindungen loszulassen, damit sie sich für das nächste Stadium ihres Wachstums öffnen können. Sie lernen unaufhörlich, die Bedingungen des Egos fallenzulassen, um in ihrem Leben Platz zu machen für den Willen Gottes.

Die Ökonomie der Liebe basiert auf Hingabe. Die Ökonomie der Angst basiert auf Kontrolle. Die Ökonomie der Liebe ist in der Gewißheit verankert, daß genug für alle da ist. Die Ökonomie der Angst ist in dem Glauben verwurzelt, daß es nie genug gibt. Wenn du dich umschaust, wirst du erkennen, daß in eurer Welt beide Ökonomien wirksam sind. Die Ökonomie der Angst scheint zu überwiegen, aber wenn du genauer hinschaust, wirst du sehen, daß sie der Ökonomie der Liebe auf Dauer nicht standhalten kann. Das ist so, weil die Menschen, je ängstlicher sie werden, umso mehr lernen müssen, auf die Liebe zu vertrauen, um überleben zu können. Obwohl es aussieht, als würde alles immer schlimmer, wird es in Wirklichkeit besser.

Das ist die gute Nachricht. Die schlechte ist, daß nur sehr wenige von euch das wirklich glauben. Die meisten glauben den „Endzeit-Propheten", die ihnen erzählen, die Welt sei dazu verurteilt, unvorstellbares Leid zu ertragen. Dieser Glaube erzeugt noch mehr Angst und besitzt das Potential, zu einer sich selbst erfüllenden Prophezeiung zu werden.

Der eigentliche Kampf, der euch in dieser Zeit bevorsteht, ist nicht die Schlacht zwischen Gut und Böse, sondern der Kampf zwischen eurem Glauben an das Gute und eurem Glauben an das Böse. Jeder von euch muß diese Schlacht in seinem eigenen Bewußtsein schlagen. Und dabei wird euer Leid entweder größer oder es löst sich auf.

Wenn ihr an das Böse glaubt, zieht ihr euch emotional zusammen, geht in die Defensive und schneidet euch von der Schöpfungsenergie ab. Das ist Mangelbewußtsein. Wenn ihr aber an das Gute glaubt, dehnt ihr euch emotional aus, werdet offen für andere und verbindet euch mit der kreativen Energie des Universums. Das ist Reichtumsbewußtsein.

Im Gegensatz zur landläufigen Vorstellung hat Reichtum nichts damit zu tun, daß ihr eine Menge Geld oder materielle Dinge besitzt. Reichtum bedeutet, daß ihr habt, was ihr braucht, es weise nutzt und das, was ihr nicht für euch selbst benötigt, an andere weitergebt. Euer Leben ist im Gleichgewicht, ihr seid ausgeglichen und integer. Ihr habt nicht zuviel und nicht zu wenig. Mangel bedeutet andererseits nicht unbedingt, zu wenig Geld oder materielle Besitztümer zu haben. Mangel bedeutet, daß ihr nicht zu schätzen wißt, was ihr habt, daß ihr es nicht weise nutzt oder mit anderen teilt. Mangel kann bedeuten, daß ihr zu wenig habt, aber auch, daß ihr zuviel habt. Euer Leben ist nicht im Gleichgewicht. Ihr wollt, was ihr nicht habt, oder ihr habt, was ihr nicht wollt oder braucht.

Ich kann euch versichern, daß ihr euer Glück nicht mehren könnt, indem ihr materielle Güter anhäuft. Ihr mehrt euer Glück nur dadurch, daß ihr eure Energie steigert, euren Selbstausdruck und eure Liebe stärker werden laßt. Falls sich das auch in eurem Geldbeutel bemerkbar macht, ist das in Ordnung. So habt ihr mehr, was ihr genießen und mit anderen teilen könnt.

Euer Lebensziel sollte nicht darin bestehen, Dinge anzuhäufen, die ihr nicht braucht und nicht einmal nutzen könnt. Euer Ziel sollte sein, so viel zu verdienen, wie ihr braucht, genießen und voller Freude mit anderen teilen könnt.

Ein reicher Mensch hat nicht mehr oder weniger, als er produktiv und verantwortlich nutzen kann. Er versucht nicht besessen, das, was er hat, zu schützen oder Dingen hinterherzujagen, die er nicht hat. Er ist zufrieden mit dem, was er hat, und ist offen dafür, alles, was Gott in sein Leben bringt, zu empfangen und weiterzugeben.

Ein spiritueller Weg der Liebe und Freiheit

Wahre Liebe versucht nicht, andere zu binden, zu kontrollieren oder zu versklaven, sondern ihnen bei ihrer Befreiung und dem Entdecken ihrer eigenen Wahrheit beizustehen. In welcher Kirche oder welchem Tempel wird dies gepredigt? Welche religiöse Gemeinschaft gibt ihren Mitgliedern die Freiheit, sich im Namen der Liebe selbst zu verwirklichen?

Jenseits des New Age

Wenn dogmatische, hierarchische religiöse Lehren zu Recht verworfen werden, entsteht ein sozio-spirituelles Vakuum. Da die Menschen nicht länger bereit sind, äußere Autoritäten anzuerkennen, die ihnen sagen, was sie zu glauben haben, versuchen sie, ihren eigenen Weg zu Gott zu finden und den Sinn und Zweck ihres Lebens selbst zu ergründen. Während diese Suche für einige Menschen befreiend und fruchtbar sein kann, ist sie für andere, die vielleicht mehr Halt durch eine Gemeinschaft oder mehr Strukturen in ihrem Leben brauchen, möglicherweise verwirrend und emotional aufreibend. So überrascht es vielleicht nicht, daß einige „New-Age-Geschädigte" sich zu konservativen oder sogar fundamentalistischen Kirchen hingezogen fühlen, deren stabile Gemeinden ihnen ein Forum bieten, wo sie sich bei regelmäßigen Zusammenkünften mit Gleichgesinnten austauschen und wo ihre Kinder in einer sicheren, unterstützenden Atmosphäre aufwachsen können.

Das große Geschenk der New-Age-Bewegung ist die Freiheit, die sie dem Einzelnen gibt. Jeder kann verschiedene spirituelle Wege erforschen und sich seine eigene Synthese daraus bilden. Die New-Age-Bewegung erlaubt den Menschen, eigene Fragen zu stellen und eigenen Antworten darauf zu finden. Religiösen Strukturen, bei denen die Betonung auf Selbsterforschung und Vielfalt liegt, mangelt es jedoch oft an jener sozialen und emotionalen Verbindlichkeit, die man in homogeneren religiösen Gemeinschaften findet, in welchen Individuen sich an die Gruppennormen anpassen müssen.

Manche Menschen müssen sich klar zwischen Freiheit und Zugehörigkeit entscheiden. Je mehr Freiheit ein Mensch braucht, desto geringer ist die Chance, daß er eine Gemeinschaft findet, in die er sich „bequem" einfügen kann. Oft steht das, was das Individuum stärkt, im Widerspruch zur Stärkung der Gruppenkultur.

Der Schwachpunkt der New-Age-Bewegung zeigt sich in ihrem Mangel an spiritueller Tiefe und emotionaler Kongruenz. Die Masse an Selbsthilfebüchern, Seminaren und Workshops, die das Etikett „New-Age" tragen, spiegelt allerdings die riesige Nachfrage nach undogmatischen, nicht autoritären spirituellen Wegen wider. Leider führt das starke Interesse an neuen Ansätzen zur Entwicklung und Vermarktung vieler oberflächlicher Techniken, die aufregende, transformierende Erfahrungen versprechen, ihre Versprechungen aber meistens nicht halten können. Der Pferdefuß des „New-Age-Bewußtseins" ist die damit einhergehende „Ex-und Hopp-Mentalität", die Annahme, sämtliche Lösungen für unsere Probleme seien außerhalb von uns selbst zu finden. Wenn eine Technik nicht funktioniert, gibt es ja immer noch genügend andere, die wir ausprobieren können. Wenn es tausend Wege zur Wahrheit gibt, die von Mund zu Mund weiterempfohlen werden, fällt es schwer, einen Weg zu wählen und ihn beharrlich und ausdauernd zu verfolgen. Oberflächlichkeit und Mittelmäßigkeit scheinen hier an der Tagesordnung zu sein. Wie wir gesehen haben, ist nicht jeder, der sich auf die Reise der Selbstverwirklichung begibt, in der Lage, die auf dem spirituellen Marktplatz lauernden Fallen zu umgehen, die Spreu vom Weizen zu trennen und aus den verschiedenen Praktiken und Techniken eine eklektische Synthese zu bilden, die ihn der Erfahrung des spirituellen Erwachens näherbringt. Obwohl manche Menschen diese Freiheit gut genutzt haben, gibt es im Zeitalter der „Drive-in-Spiritualität" sicherlich mehr Unfälle als Erfolgsstories.

Verwirrung, gegensätzliche Glaubenssysteme, die Sucht nach Büchern, Workshops und immer neuen Glücksverheißungen führen in ein geistiges Vakuum, eine spirituelle Sackgasse. Viele begeisterte Verfechter des „New Age" wissen nicht, was sie glauben oder wo sie sich hinwenden sollen. Viele haben keine liebevolle spirituelle Gemeinschaft gefunden. Manche von ihnen pflegen einen egoistischen, ichbezogenen Lebensstil, der sie weder zu tieferem Verstehen noch zu mehr Mitgefühl führt.

Die Flügel, die dieser Generation gewachsen sind, werden allmählich müde. Viele, die jetzt in die zweite Lebenshälfte eintreten, haben den Wunsch, sich niederzulassen und Wurzeln zu schlagen. Sie haben ein Bedürfnis nach Freundschaft, nach zeitlosen Werten und nach Einsichten, die ihnen helfen, die Schmerzen und Leiden der Vergangenheit anzunehmen und ihren Sinn zu verstehen.

Eine freie und liebevolle Gemeinschaft

Die große Herausforderung, mit der ihr heute konfrontiert seid, besteht darin, euch zu Gemeinschaften zusammenzuschließen, die nicht auf Dogmen oder äußeren Autoritäten basieren, sondern auf Gleichheit und einem tiefen Respekt für die individuelle Erfahrung jedes Einzelnen. Die Frage ist: Wie könnt ihr eure Verschiedenheit akzeptieren und würdigen und gleichzeitig eure emotionale Verbindung aufrechterhalten und die Kontinuität wahren? Wie könnt ihr Freiheit und Liebe gleichzeitig erfahren?

Da die meisten Formen der Liebe an Bedingungen geknüpft sind, wird Liebe nur dann gegeben, wenn Übereinstimmung herrscht. Es geschieht selten, daß ihr jemanden liebt, der anderer Meinung ist als ihr. Es ist ungewöhnlich, sich emotional mit jemandem verbunden zu fühlen, der in einer ganz anderen Erfahrungswelt lebt.

Wahre Liebe ist bedingungslos. Sie schließt niemanden aus – unter keinen Umständen. Sie verlangt von euch, hinter die äußere Fassade zu blicken und den anderen in der inneren Überzeugung zu betrachten, daß alle Menschen den göttlichen Funken in sich tragen.

Wahre Liebe versucht nicht, andere zu binden, zu kontrollieren oder zu versklaven, sondern ihnen bei ihrer Befreiung und der Entdeckung ihrer eigenen Wahrheit beizustehen. In welcher Kirche oder welchem Tempel wird dies gepredigt? Welche religiöse Struktur gibt ihren Mitgliedern die Freiheit, sich im Namen der Liebe selbst zu verwirklichen?

Welche Kirche lehrt euch, alle Menschen zu lieben und anzunehmen? Welche Gesellschaft streckt die Hand nach denen aus, die am Rande leben, und lädt sie ein, in ihre Mitte zurückzukehren? Welche Gemeinschaft von Menschen ist willens, hinter die eigenen Ängste zu blicken und zu lernen, ihre Feinde zu lieben?

War es nicht das, worum ich euch bat, als ich euch aufforderte, eine Kirche zu gründen? Bat ich euch nicht, eine menschliche Gemeinschaft zu bilden, deren Mitglieder den Christus in jedem Menschen erkennen, eine Gemeinschaft, die niemanden ächtet oder ausstößt? Ich frage euch: Was für eine Bedeutung hat Erlösung, wenn ihr sie nicht jedem Menschen, ungeachtet seiner äußeren Erscheinung oder seiner Überzeugungen zugesteht? Liebe, meine Freunde, bedeutet, Freiheit zu geben und zu empfangen. Liebe bedeutet Ermutigung. In der Liebe gibt es keinerlei Garantien. Wenn ihr auf Zustimmung oder eine positive Reaktion hofft, könnt ihr nicht unbefangen lieben. Und wenn Liebe nicht unbefangen und frei ist, ist es nicht Liebe. Dann ist es ein Geschäft, ein Kuhhandel.

Vielleicht beginnt ihr zu verstehen, was eine Kirche, wie ich sie mir gewünscht habe, für die Welt, in der ihr lebt, tun könnte. Sie würde niemanden verurteilen oder verdammen, sondern jeden Menschen dazu ermutigen herauszufinden, was das Richtige für ihn oder sie ist. Sie würde auf die Liebe und das Licht vertrauen, die jedem Menschen innewohnen. Sie würde die Trennung zwischen arm und reich, zwischen Besitzenden und Besitzlosen nicht fördern, sondern eine Welt erschaffen, in der alle genug haben und nicht ängstlich davor zurückschrecken, ihre Habe mit anderen zu teilen.

In einer in meinem Namen gegründeten Kirche und Gesellschaft würden die Menschen nach den Prinzipien leben, die ich gelehrt habe und noch immer lehre. Eine solche Kirche und eine solche Gesellschaft würde allen Menschen Liebe und Unterstützung zuteil werden lassen. Sie würde niemanden ins Unrecht setzen, keinen Mann und keine Frau verdammen und kein einziges menschliches Wesen aus der Gemeinschaft der Gläubigen ausstoßen. Sie wäre weder ablehnend noch gierig oder selbstgefällig, sondern geistig offen, großzügig und bescheiden. Diese Qualitäten existieren in jedem von euch. Ihr müßt sie nur kultivieren. Unter euch lebt niemand, der nicht bedingungslos lieben kann. Aber ihr müßt dazu ermutigt werden. Meine Kirche ist eine Kirche der Ermutigung. Sie fordert euch auf, die höchste Wahrheit über euch selbst zu erkennen.

Vater und Mutter ehren

Wenn ihr meiner Lehre folgt, müßt ihr wissen, daß ich euch auffordere, zu einer Verkörperung der bedingungslosen Liebe, der Urteilsfreiheit und des Mitgefühls zu werden. Ich fordere euch auf, jeden Menschen, der euch begegnet, als ein Kind Gottes zu akzeptieren, das nicht weniger vollkommen ist als ihr oder ich. Ich fordere euch auf, jedem die Liebe und Freiheit zu schenken, die Vater und Mutter Gott euch geschenkt hat. Ich fordere euch auf, zu lieben und loszulassen, zu nähren und zu ermutigen, zu trösten und zu inspirieren.

Liebe ist friedvoll, aber nicht statisch. Sie ist dynamisch, aber nicht überwältigend oder kontrollierend. Sie bringt euch das Geschenk, das ihr empfangen müßt, und nimmt das Geschenk an, das ihr geben müßt. Sie ist sowohl weiblich/empfangend als auch männlich/aktiv.

Wenn ihr ein Kanal für die Liebe sein wollt, müßt ihr euch im Geben und im Nehmen üben, im Führen und im Folgen, im Reden und im Zuhören, im Handeln und im Nichthandeln. Liebe strömt ganz natürlich in euch hinein und aus euch heraus, wenn ihr die Polaritäten eurer Existenz akzeptiert und integriert und eure Ganzheit erkennt.

Ihr seid Kinder des Vaters und der Mutter, genau wie ich. Als Mann mußt du dem Vater nacheifern und die Qualitäten der Mutter annehmen. Als Frau mußt du der Mutter nacheifern und die Qualitäten des Vaters annehmen. So wie Gott weder männlich noch weiblich ist, sondern beides gleichzeitig, so seid auch ihr eine Synthese aus männlichen und weiblichen Qualitäten in einer einzigartigen Geist-Körper-Einheit.

In meiner Lehre haben Frauen die gleiche Stellung wie Männer. Sie hatten sie schon immer und werden sie auch immer haben. Diejenigen, die den Frauen ihren rechtmäßigen Platz in meiner Kirche verweigert haben, werden sich direkt vor mir verantworten müssen.

Homosexuelle und Lesbierinnen, Schwarze, Asiaten, Lateinamerikaner, Fundamentalisten, Buddhisten, Juden und sogar Rechtsanwälte und Politiker haben einen Platz in der Gemeinschaft der Gläubigen. Jeder ist willkommen, und niemand sollte ausgeschlossen werden. Und alle, die ihren Teil zu dieser Gemeinschaft beitragen wollen, sollten die Möglichkeit haben, in Führungspositionen zu dienen.

Meine Lehre war nie exklusiv oder hierarchisch. Ihr habt der reinen Wahrheit, die ich gelehrt habe, eure Vorurteile und Wertungen übergestülpt. Ihr habt aus dem Haus der Andacht ein Gefängnis der Angst und Schuld gemacht. Meine Freunde, ihr seid auf dem falschen Weg.

Aber es ist nicht zu spät. Ihr könnt aus euren Fehlern lernen. Bereut eure lieblosen Worte und Taten. Leistet Wiedergutmachung an den Menschen, die ihr verletzt oder verurteilt habt. Eure Fehler stürzen euch nicht in die Verdammnis, es sei denn, ihr besteht darauf, an ihnen festzuhalten. Laßt sie los. Ihr könnt wachsen. Ihr könnt euch ändern. Ihr könnt weiser werden, als ihr einst wart. Ihr könnt aufhören, ein Sprachrohr der Angst zu sein. Ihr könnt zu Verkündern und Verkünderinnen der Liebe und Vergebung werden.

Keinem Schiff wurde je die Einfahrt in den Hafen der Vergebung verwehrt. Was ihr auch gesagt oder getan habt, ich werde euch mit offenen Armen empfangen. Ihr müßt nichts anderes tun, als eure Fehler eingestehen und bereit sein, sie loszulassen.

Die Vergangenheit kann euch nichts anhaben, wenn ihr bereit seid, hier und jetzt euer Herz und euren Geist zu öffnen. Eure Bereitschaft, euch zu ändern, ist die Gotteskraft, die in euch wirkt. Und sie, nicht ich, wird euch nach Hause führen. Ich werde euch einfach nur willkommen heißen, wenn ihr hier ankommt.

Was ist Spiritualität?

Spiritualität und Religion sind nicht unbedingt das gleiche. Religion ist die äußere Form; Spiritualität ist der Inhalt. Religion ist die Schale, Spiritualität ist der Kern. Religion steht für eine Reihe von Glaubenssätzen, Spiritualität für ein Kontinuum der Erfahrung.

Man kann spirituell sein, ohne je in eine Kirche oder in einen Tempel gegangen zu sein. Man kann seine Spiritualität im innigen Austausch mit anderen entdecken, in der Verbindung zur Natur oder indem man anderen dient. Einfach alles, was den Geist zur Ruhe bringt und das Herz erfreut, ist eine spirituelle Erfahrung. Meditieren, im Wald oder am Meer spazieren gehen, ein kleines Kind im Arm halten oder einem geliebten Menschen in die Augen schauen – das sind spirituelle Erfahrungen. Wenn du in deinem Herzen Liebe und Akzeptanz empfindest, manifestiert sich dein spirituelles Wesen, und du kannst das spirituelle Wesen in anderen erkennen. Spirituell sein bedeutet, sich selbst und andere ohne Wertung zu sehen – nicht nur mit den Augen, sondern auch mit dem Herzen. Spirituell sein bedeutet, das zu akzeptieren und zu würdigen, „was ist", anstatt nach Mängeln zu suchen.

Ein spiritueller Mensch kann überall Schönheit entdecken, sogar im Leid. Überall, wo Herzen von der Schärfe des Lebens berührt werden, ist Schönheit. Immer, wenn ein Mensch seine Lebenslektionen lernt und die Vergangenheit von sich abfallen läßt, manifestiert sich Schönheit. Im Regen ist Schönheit, in den Wolken und in der Sonne. Im Alleinsein ist Schönheit und im Zusammensein, im Lachen und im Weinen. Wo wir uns auch hinwenden – überall erwartet uns Schönheit.

Ein spiritueller Mensch ist nicht auf das fixiert, was häßlich, grausam oder hinterlistig zu sein scheint. Er oder sie sieht all diese Verhaltensweisen als das, was sie sind: ein Mangel an Liebe. Er oder sie gibt Liebe, wann immer man ihn oder sie darum bittet, selbst wenn die Bitte ängstlich oder aggressiv vorgebracht wird.

Ein spiritueller Mensch betrachtet sein eigenes Leid und das anderer als vorübergehende Trennung von der Erfahrung der Liebe. Ein spiritueller Mensch weiß, daß Liebe die Antwort auf jedes wahrgenommene Problem ist. Wenn die Dinge sich nicht so entwickeln, wie wir es uns wünschen, haben wir uns von Liebe und Akzeptanz abgeschnitten. Um uns wieder damit zu verbinden, müssen wir unsere Erwartungen loslassen und alles, was in unser Leben tritt, dankbar annehmen.

Spiritualität ist das Bewußtsein, daß das Leben so, wie es ist, völlig in Ordnung ist. Es muß nicht verändert oder in Ordnung gebracht werden. Es muß nur angenommen werden.

Wenn wir Frieden mit dem Leben schließen, wird Frieden in unser Leben einkehren. So einfach ist das. Wir können niemanden für unsere Weigerung, Frieden zu schließen, verantwortlich machen.

Ein spiritueller Mensch ist friedvoll, optimistisch, hilfsbereit und ermutigt andere. Er beklagt sich nicht über die Vergangenheit und strebt nicht nach Glück in der Zukunft. Er versucht nicht, andere Menschen zu ändern, und hat auch nicht das Gefühl, daß er selbst verändert werden muß. Er lebt voller Dankbarkeit und Hingabe im gegenwärtigen Moment.

Jeder Mensch ist spirituell, aber nicht jeder nimmt sich Zeit, um die Spiritualität zu erforschen. Manche Menschen verlieren sich im Drama ihres Lebens. Sie verbringen den größten Teil ihrer Zeit damit, ihr Überleben zu sichern. Sie nehmen sich keine Zeit, um einen Sonnenuntergang zu beobachten oder an einer Rose zu riechen. Ihnen entgeht viel Freude und Schönheit. Würden sie nur einen Moment innehalten, einen tiefen Atemzug nehmen und sich umschauen, könnten sie erkennen, was sie verpassen.

Ein spiritueller Mensch ist ein glücklicher Mensch. Er ist nicht bereit, dieses innere Glück für irgend etwas zu opfern. Er denkt keine Gedanken und begeht keine Taten, die dieses Glück gefährden. In keinem Augenblick.

Das ist die Disziplin, die mit einem spirituellen Leben einhergeht. Es gibt viele Menschen, die eine

Opferrolle spielen und euch gern in das Drama ihres Leidens hineinziehen würden, aber ihr müßt lernen, nein dazu zu sagen. Segnet sie. Gebt ihnen Raum, um ihre Erfahrungen zu machen, aber laßt euch nicht darauf ein, diese Erfahrung mit ihnen zu teilen, es sei denn, ihr seid glücklich dabei.

Versucht nicht, andere zu heilen oder sie aus ihrem Drama zu erretten. Eure Fähigkeit, echte Hilfe zu leisten, hängt davon ab, ob ihr eure eigene Gesundheit bewahren und euren eigenen inneren Frieden aufrechterhalten könnt. Indem ihr die Schwingung eures eigenen inneren Glückgefühls haltet, helft ihr anderen Menschen zu erkennen, wie sie Heilung und Erlösung in sich selbst finden können. Wenn ihr in eurem Selbst ruht, erkennt ihr, daß es keine Probleme gibt, die gelöst werden müssen. Ihr müßt das Leben einfach nur mit offenem Herzen annehmen. In diesem Annehmen findet ihr Frieden und Glück, und alles, was den Fluß der Liebe behindert hat, löst sich auf.

Wer braucht Religion?

Es tut mir leid, euch enttäuschen zu müssen, aber die Wahrheit ist, daß niemand Religion braucht. Es ist nicht nötig, daß ihr an der äußeren Form festhaltet. Ihr müßt vielmehr diese äußere Schale aufbrechen und den Samen pflanzen. Welcher Religionsgemeinschaft ihr auch angehört, seid euch im klaren darüber, daß sie Dogmen und Interpretationen vermittelt, die die Wahrheit verschleiern. Alle Religionen sind schwer belastet durch die Vorurteile und beschränkten Vorstellungen ihrer Anhänger, die sich niemals für die Wahrheit und Schönheit ihres Lebens geöffnet haben. So haltet ihr nur die Dokumentation ihrer Ängste in den Händen, keine Einladung in den Raum der Liebe.

Wenn ihr im Garten eures Glaubens jedoch tief genug grabt, werdet ihr auf die Schätze der Wahrheit und Schönheit stoßen, die euch helfen, euer Herz für die Gegenwart der Liebe zu öffnen. Und allein darauf müßt ihr euch konzentrieren. Nur dort könnt ihr den Samen des Glaubens pflanzen, der in eurem Leben Wurzeln schlagen wird. Im Frühling blühen viele wunderschöne Bäume. Keiner ist schöner oder besser als der andere. Jeder ist von ganz einzigartiger Schönheit. Und zusammen bilden sie einen wunderschönen Garten. So ist es auch mit den verschiedenen Wegen zum Göttlichen. Jeder Weg hat seine eigene Schönheit und Integrität. Er spricht bestimmte Menschen an und andere nicht. Und so sollte es auch sein. Kein Baum ist besser als der andere. Keine Religion ist besser als die andere. Doch eure Religionen verbreiten ein Klima der Angst und Starrheit, das den Baum zerstören kann, noch bevor seine Samen vom Wind fortgetragen werden. Das gilt für jede Tradition.

Wenn du einer Tradition angehörst, mußt du den Samen dieser Tradition suchen, ihn von der äußeren Hülle befreien und dafür sorgen, daß er in deinem Leben Wurzeln schlägt. Du mußt die Essenz der ursprünglichen Lehre finden, die dich mit der Liebe verbindet, und sie an deine Kinder weitergeben. Nur so kann eine Tradition gesund bleiben. Die Form sollte sich im Laufe der Zeit verändern, um sich an die jeweiligen Gegebenheiten anzupassen, aber die Essenz der Lehre muß ständig wiederentdeckt und wiedererweckt werden.

Ein verdorrter Baum wird keine Früchte tragen. Eine Religionsgemeinschaft, die ihren Mitgliedern nicht hilft, sich mit der Schwingung der Liebe zu verbinden, wird nicht gedeihen.

Ihr müßt keiner Religionsgemeinschaft angehören, um eure Spiritualität zu erwecken. Doch es wird euch leichter fallen, die Wahrheit und Schönheit eures Lebens zu erkennen, wenn ihr zu einer Gemeinschaft von liebenden Menschen gehört. Das muß keine religiöse Vereinigung sein. Viele weltliche Gruppen und Gemeinschaften bieten ihren Mitgliedern die gleiche emotionale Unterstützung und den gleichen Rückhalt, den andere Menschen in religiösen Organisationen finden.

Ihr müßt nicht unbedingt einer Gemeinschaft angehören, um euer Herz für die Liebe öffnen zu können, aber innerhalb einer Gruppe kann es einfacher sein. Auch wenn ihr euch nur mit zwei oder drei liebevollen, unterstützenden Menschen trefft, werdet ihr feststellen, daß diese Zusammenkünfte euch helfen, euer persönliches Drama zu transzendieren und für den Sinn des Lebens und die Aufgaben, die es euch stellt, offen zu bleiben.

Deshalb habe ich euch den *Affinity-Group-Process* gegeben (siehe auch Paul Ferrinis Buch *The Ecstatic Moment*). Dieser Gruppenprozeß bietet eine sehr einfache Möglichkeit, mit der Liebesschwingung in Verbindung zu bleiben. Er ist besonders hilfreich für all jene von euch, die sich in religiösen Gruppen nicht wohl fühlen und auch keiner weltlichen Gemeinschaft angehören. Doch selbst wenn ihr Mitglieder einer Kirchengemeinde oder einer Selbsthilfegruppe seid, stellt ihr vielleicht fest, daß der *Affinity-Process* dazu beitragen kann, die Liebesschwingung innerhalb eurer Gruppe oder Vereinigung aufrechtzuerhalten. Wenn Gruppen oder Organisationen größer werden, verlieren sie oft ihr ursprüngliches Ziel aus den Augen und bieten ihren Mitgliedern keinen nährenden Raum mehr. In einem solchen Umfeld kann der *Affinity-Process* dazu beitragen, die ursprüngliche Inspiration wiederzuerwecken und den liebevollen Austausch zwischen den Gruppenmitgliedern, der die Organisation anfangs so attraktiv machte, zu erneuern.

Auf lange Sicht kann dich jedoch keine Organisation mit einer „gebrauchsfertigen" Spiritualität versorgen. Das Beste, was eine Kirche oder ein Tempel für dich tun kann, besteht darin, dich mit der Liebe zu verbinden. Ist diese Verbindung einmal hergestellt, liegt es an dir, die Liebesschwingung in deiner Familie, an deinem Arbeitsplatz und in all deinen Interaktionen mit anderen aufrechtzuerhalten.

Wenn du als Mensch Erfüllung finden willst, mußt du ein spirituelles Leben führen. Aber niemand kann oder darf dir sagen, wie dieses spirituelle Leben aussehen sollte. Deine Reise ist einzigartig, und du wirst von deinem inneren geistigen Wesen geführt. Wenn du auf deine innere Stimme hörst und lernst, dich auf sie zu verlassen, bist du nicht mehr von äußeren Führern abhängig – weder von deinen Eltern noch von deinem Pfarrer oder anderen Autoritätspersonen. Du wirst in deinem Selbst ruhen. Du wirst authentisch werden.

Und darauf läuft es eigentlich hinaus. Wenn die Wahrheit in deinem Innern genügend genährt wurde, manifestiert sie sich deutlich in deinem Leben. Wenn du deine eigene innere Autorität spürst, wirst du deine Gruppe, deine Kirche oder deinen Tempel vielleicht verlassen, um deiner inneren Berufung zu folgen. Dann wirst du, wo immer du hingehst, ohne zu zögern Liebe und Unterstützung geben und empfangen. Denn wenn die Liebe erst einmal in dir erweckt wurde, schenkst du sie großzügig allen, die sie brauchen. Und das Werk Gottes manifestiert sich durch deine Gedanken, deine Worte und Taten.

In Wahrheit ist jeder von euch ein Diener Gottes in der Ausbildung. Und du wirst aufgerufen, deinen Brüdern und Schwestern zu dienen, wenn deine Verbindung zur Liebe fest verankert ist. Wenn dieser Ruf kommt, hast du keine andere Wahl, als ihm zu folgen. Denn aus diesem Grunde kamst du hierher, für diese Aufgabe bist du mit deinem Temperament und deinen Fähigkeiten ideal geeignet. Gott kennt deine Bestimmung, auch wenn du sie noch nicht kennst. Aber Gott wohnt in deinem Innern, nicht außerhalb. Und wenn du wissen willst, was deine Bestimmung ist, mußt du das göttliche Wesen in deinem Innern danach fragen. Niemand anders kann dich nach Hause geleiten.

Bejahen und Verneinen

Wenn du eine tiefe Verbindung zu deinem spirituellen Selbst herstellen willst, mußt du genau verstehen, was bejaht und was verneint werden muß. Auf der einfachsten Ebene wird Wahrheit bejaht und Falschheit verneint. Liebe wird bejaht und Angst verneint. Die Essenz der Dinge wird bejaht und die äußere Erscheinung negiert. Unser Problem bei der Bejahung von Wahrheit, Liebe und Essenz besteht allerdings darin, daß wir oft nicht wissen, was Wahrheit, Liebe oder Essenz ist. Wie kannst du die Wahrheit bejahen, wenn du nicht weißt, was wahr ist? Wie kannst du die Liebe bejahen, wenn du Angst vor ihr hast oder ambivalent bist? Wie kannst du Essenz bejahen, wenn du ständig nach Bestätigung und Anerkennung durch andere hungerst? Oft müssen wir uns zunächst im Verneinen üben, um uns der Bejahung auf die richtige Weise nähern zu können. Wenn ich verwirrt bin, muß ich anerkennen, daß diese Verwirrung nicht die Wahrheit ist. Wenn ich in meinen Gefühlen ambivalent bin, muß ich eingestehen, daß diese Ambivalenz nicht Liebe ist. Wenn ich nach äußerer Bestätigung für meine Gefühle suche, muß ich erkennen, daß dieser Wunsch nach Anerkennung nicht die Essenz ist.

Indem ich mir klar darüber werde, was nicht Wahrheit, Liebe und Essenz ist, schaffe ich in mir den Raum, um zu erkennen, was Wahrheit, Liebe und Essenz ist. Und so setzt sich dieser Prozeß fort: „Wahrheit ist nicht Vorurteil oder Engstirnigkeit, Liebe ist nicht Erwartung oder der Wunsch, jemand anderen zu retten oder zu ändern, Essenz ist nicht die Suche nach Zustimmung, Anerkennung oder Zugehörigkeit."

Im Zen-Buddhismus gibt es die Praxis der Negierung: „Weder dies noch das." Nichts wird bevorzugt, nichts ist besser als das andere. Diese Praxis hilft dem Übenden, der Versuchung zu widerstehen, die Wahrheit in intellektuellen Konzepten zu suchen. Die Wahrheit existiert jenseits aller Konzepte und Vorstellungen.

Lao Tzu, der große chinesische Weise, sagt uns: „Das, was mit Worten ausgedrückt werden kann, ist nicht die Wahrheit." Die Wahrheit liegt im Herzen – zusammen mit Liebe und Essenz. Der Verstand kann sie nicht erfassen, der Mund kann sie nicht aussprechen. Diese Qualitäten können nur von einem Menschen verkörpert und ausgedrückt werden, der nicht das Bedürfnis hat, Recht zu haben, wiedergeliebt oder anerkannt zu werden. Wahrheit, Liebe und Essenz haben keine Gegensätze, weil sie nicht der Ebene der Dualität entspringen. Wenn wir zur reinen Wahrheit, zur wahren Liebe und zur wahren Essenz vordringen wollen, müssen wir aufhören, uns an ihre Surrogate zu klammern. Wenn wir mit Bedingungen verknüpfte Liebe akzeptieren, werden wir niemals bedingungslose Liebe erfahren. Wenn wir irgendeine Art von Dogma, irgendein Urteil oder Vorurteil als Wahrheit akzeptieren, werden wir die reine Wahrheit des Herzens nicht erkennen. Wenn wir nach Anerkennung durch andere heischen und und uns davon abhängig machen, wie sie auf uns reagieren, werden wir nicht die Wahrheit über uns sagen, selbst wenn es erforderlich ist.

Wir müssen alle Imitationen negieren. Wir müssen uns darüber im klaren sein, daß man weder Wahrheit, noch Liebe, noch Essenz erfahren kann, wenn man keinen inneren Frieden hat. Denn diese Dinge kann man nur erfahren, wenn man frei von Gegensätzen, Konflikten, Ambivalenz, Abhängigkeit, Erwartungen oder irgendwelchen Eigeninteressen ist. Solange deine Liebe an Bedingungen geknüpft ist, solange deine Wahrheit mit der Verurteilung anderer gekoppelt ist, solange deine Essenz aufgeblasen und an ein Selbstbild gebunden ist, bietest du der Welt eine Imitation an.

Wenn du das Falsche für das Wahre hältst, kannst du nicht bejahen, was wahr ist, oder negieren, was falsch ist. Das, meine Freunde, ist das Problem mit Worten und Vorstellungen. Wenn ihr zum Kern vordringen wollt, müßt ihr über Worte und Vorstellungen hinausgehen.

Wenn du von Liebe sprichst, frage dich bitte: „Ist meine Liebe frei von Bedingungen?" Wenn du von Wahrheit sprichst, dann frage dich: „Ist meine Wahrheit frei von Urteilen oder Meinungen?" Wenn du von Essenz sprichst, frage dich: „Bin ich abhängig davon, wie andere mich wahrnehmen oder auf mich reagieren?"

Die Freiheit, du selbst zu sein, erfordert mehr Losgelöstheit als du glaubst. Solange du von irgend jemandem irgend etwas willst, kannst du nicht du selbst sein. Nur wenn du von niemandem etwas Bestimmtes willst, bist du frei, du selbst zu sein und ehrlich und authentisch mit anderen zu kommunizieren.

Ich sage das nicht, um dich zu entmutigen, sondern, um dich auf die Tiefe und Weite der Reise vorzubereiten, auf der du dich befindest. Um ein selbstverwirklichter Mensch sein zu können, mußt du dich von allen Erwartungen und Bedingungen lösen, ob sie nun von dir selbst kommen oder von anderen.

Dein Ziel ist es, jeden Menschen, dem du begegnest, so zu akzeptieren, wie er ist, und du selbst zu sein – egal, wie andere Menschen auf dich reagieren. Wenn du das Gefühl hast, daß jemand gegen dich rebelliert oder „deine Knöpfe drückt", siehst du nicht die Wahrheit oder Essenz in diesem Menschen. Fühlst du dich frei und gut, wenn Menschen dich lieben, und deprimiert, wenn Menschen dich ablehnen, dann bist du nicht in der Wahrheit deiner eigenen Essenz verankert. Liebe ist die schwierigste Sache der Welt und gleichzeitig die einfachste. Die schwierigste, weil du so viele Bedingungen und Erwartungen mitbringst, die sie daran hindern, in dich hinein- und aus dir herauszuströmen, und die einfachste, weil sie zu dir kommt und spontan und ungehindert aus dir hervorsprudelt, wenn du diese Bedingungen auch nur einen Augenblick lang losläßt.

Mißbrauch und Vergebung

Du kannst das Licht in anderen nicht sehen, solange du es in dir selbst nicht siehst. Siehst du es aber erst einmal in dir selbst, dann siehst du es ohne Ausnahme auch in allen anderen Menschen. Es spielt keine Rolle, ob sie es sehen oder nicht. Du weißt, daß es da ist. Und du wendest dich an dieses innere Licht, wenn du zu ihnen sprichst.

Die Angst, sich einzulassen

Menschen, die Angst vor der Liebe haben, sehnen sich dennoch danach. Doch wenn die Liebe zu ihnen kommt, können sie sie nicht annehmen. Sie wollen, daß die Liebe in perfekter Gestalt und Größe zu ihnen kommt. Und das tut sie nie.

Wahre Liebe kommt aus der Essenz und hat nichts mit der äußeren Erscheinung zu tun. Sie ist konkret und spontan, nicht ideal oder abstrakt. Menschen, die nicht hinter die äußere Erscheinung blicken können, werden den Geliebten nicht erkennen, auch wenn er vor ihnen steht.

Menschen, die Angst vor der Liebe haben, sind ambivalent in ihrem Geben und Nehmen. Wenn du von ihnen entfernt bist, fühlen sie sich sicher und wünschen, du wärest da. Doch wenn du näher kommst, bekommen sie Angst und fordern dich auf, mehr Abstand zu halten oder wegzugehen. Dieses emotionale Versteckspiel macht es ihnen möglich, Beziehungen aufrechtzuerhalten und gleichzeitig Nähe und Intimität zu vermeiden. Wenn du in eine solche Beziehung hineingezogen wirst, mußt du der Tatsache ins Auge sehen, daß auch du möglicherweise Angst vor Liebe hast. Denn aus welchem anderen Grund würdest du einen Partner wählen, der keine Liebe geben kann? Vielleicht glaubst du auch, daß die einzige Möglichkeit, die Liebe zu bekommen, nach der du dich sehnst, darin besteht, die ständige Kritik und das ablehnende Verhalten des anderen in Kauf zu nehmen.

Nur wenn du sagst „Es reicht!", kannst du den Bann brechen. Wie gut der Sex und wie stark die emotionale Verbindung auch sein mag, du mußt lernen, einen Schritt zurückzutreten und das Spiel zu durchschauen: „Ja, endlich habe ich es begriffen. Was ich auch tue, in deinen Augen werde ich niemals in Ordnung sein. Ich spiele dieses Spiel nicht länger mit."

Menschen, die ständig etwas an anderen auszusetzen haben, sind unsicher und nicht in der Lage, ihren Gefühlen zu vertrauen oder auf der Grundlage ihrer Gefühle zu handeln. Sie können sich nicht auf dich einlassen, weil sie sich nicht auf sich selbst einlassen. Da sie keine starke Verbindung zu ihrer eigenen inneren Führung haben, sind sie nie sicher, was das Richtige ist. Sie fallen von einem Extrem ins andere und suchen immer nach Bestätigung von außen. Wenn du dir Stabilität und Verbindlichkeit wünschst, warum solltest du dich dafür entscheiden, mit jemandem zusammen zu sein, der ständig seine Meinung ändert?

Es ist nicht deine Aufgabe, diese Menschen zu verurteilen, ihr Verhalten zu analysieren oder zu versuchen, sie zu ändern. Akzeptiere sie, wie sie sind. Schicke ihnen Liebe. Aber lebe nicht mit ihnen zusammen, sei nicht ihr Partner oder ihre Partnerin. Hör auf, dich selbst zu verleugnen. Du verdienst es, geliebt zu werden, ohne Kritik oder Mißbrauch hinnehmen zu müssen. Nur, wenn du Angst hast, daß dich niemand liebt und annimmt, wie du bist, bist du bereit, dich mit einer Art von Liebe zufrieden zu geben, die an derart negative Bedingungen geknüpft ist.

Wenn du bereit bist, Opfer zu sein, wirst du mit Sicherheit einen Täter anziehen. Dein Mangel an Selbstvertrauen zieht einen anderen Menschen an, der genauso unsicher ist wie du. Was der andere dir antut, ist nur die äußere Spiegelung dessen, was du dir selbst antust. Die Botschaft ist klar und deutlich: „Hör auf, dich selbst niederzumachen."

Es hat keinen Zweck, die andere Person zu beschuldigen. Übernimm die Verantwortung dafür, daß du ihr Verhalten, ihre Kritik oder den Mißbrauch hingenommen hast, und mache dir klar, daß du eine andere Wahl treffen kannst und wirst. Übernimm die Verantwortung für das Problem und seine Lösung.

Wenn du dich selbst liebst und gut für dich sorgst, erfüllst du zwei wesentliche Voraussetzungen, um einen Partner/eine Partnerin anzuziehen, der/die dich achtet. Akzeptiere nicht weniger, als du dir wünschst und als du verdient hast, und du wirst keine unangemessenen Beziehungen haben. Wenn du einen Fehler machst, übernimm die Verantwortung dafür. Höre die Botschaft, die jeder Täter dir vermittelt: „Achte und würdige dich selbst."

Wessen Verantwortung ist es, wenn du dich nicht selbst achtest, wenn du nicht auf einer Beziehung mit einem Partner bestehst, der dich achtet? Du siehst, daß kein anderer an deinem Leiden schuld ist. Es ist ein direktes Resultat deines eigenen Denkens und Handelns.

Wenn du in deinen engen Beziehungen keine Ego-Spiele spielen willst, solltest du genau hinschauen, wenn ein potentieller Partner in dein Leben tritt. Ist er/sie freundlich und bereit zu vergeben, oder ist er/sie kritisch und kontrollierend? Sag ja zu ersterem und absolut nein zu letzterem. Wenn du potentielle Partner, die dich nicht achten, nicht zurückweisen kannst, kannst du auch keinen Partner anziehen, der dich so liebt und akzeptiert, wie du bist.

Du bringst in dein Leben, was du hineinläßt

Niemand von euch ist ein Opfer der Handlungen eines anderen Menschen. Du bringst nur das in dein Leben, was du hineinläßt. Indem du „nein" zu den Dingen sagst, die du nicht willst, bringst du die Dinge in dein Leben, die du willst. So einfach ist das. Kompliziert wird es nur dadurch, daß du nicht immer weißt, was du willst, oder daß du, wenn du es weißt, deinem Gefühl nicht traust und nicht dafür eintrittst. Wenn sich deine unbewußten Wünsche nicht mit deinen bewußten Zielen decken, sind die Dinge, die du in dein Leben ziehst, eine Mischung aus beidem. Deine Kreativität funktioniert sowohl auf der bewußten als auch auf der unbewußten Ebene. Der Geist ist kreativ, ob er sich seiner nun bewußt ist oder nicht. Wenn du dein Leben bewußt gestalten willst, mußt du deine unbewußten Wünsche und Ängste ins Bewußtsein heben, damit du sie anschauen und akzeptieren kannst. Dann wirst du verstehen, warum deine Erfahrungen oft so gar nichts mit dem zu tun haben, was du bewußt willst oder beabsichtigst. So kannst du deine Ziele ändern oder anpassen und anfangen, all deine Wesensanteile zu würdigen – nicht nur den erwachsenen Persönlichkeitsanteil.

Wenn du deine Wünsche und Ängste verstehst, kannst du Entscheidungen treffen, mit denen du den kindlicheren, verletzlicheren Teilen deiner Psyche keine Gewalt antust. Das könnte zur Folge haben, daß sich deine Ziele mehr auf die unmittelbare Zukunft beziehen und realistischer werden. Und das ist ein positiver Schritt. So stellst du sicher, daß dich die ängstlichen und verletzlichen Aspekte deiner Psyche nicht am Erreichen deiner langfristigen Ziele hindern.

Zu hohe Erwartungen an dich selbst oder andere sind genauso kontraproduktiv wie zu geringe. Es ist destruktiv, sich eine Arbeitsstelle oder eine Beziehung zu wünschen, für die man nicht die erforderlichen Fähigkeiten oder die notwendige Reife mitbringt. Es ist viel besser, nach einer weniger herausfordernden Arbeit oder Beziehung Ausschau zu halten, als seine Ziele zu früh zu hoch zu stecken. Kleine Erfolge stärken das Selbstvertrauen auf allen Ebenen der Psyche und sorgen dafür, daß die kindlichen und die erwachsenen Persönlichkeitsanteile integriert werden. So kann man nach und nach immer größere Herausforderungen annehmen.

Um in dein Leben zu bringen, was du dir wünschst, mußt du dir klar darüber werden, was du auf allen Ebenen deines Seins willst. Wenn der spirituelle Erwachsene und das verletzte Kind verschiedene Dinge wollen, wird die Manifestation immer eine Vermischung sein. Deshalb ist die Zeit, die du dir nimmst, um die unterschiedlichen Bedürfnisse und Wünsche deiner Psyche miteinander in Einklang zu bringen, gut genutzte Zeit. Wenn in deinem Herzen und auf all deinen Bewußtseinsebenen Klarheit in bezug auf deinen Wunsch herrscht, fließt die Kreativität leicht und mühelos. Wenn du gute Beziehungen zu anderen Menschen unterhalten willst, mußt du dir Zeit nehmen, um dich selbst kennenzulernen. Dann weißt du, wann und zu wem du nein sagen mußt und wann und zu wem du ja sagen solltest. Vergiß nicht: Nicht alles, was dir begegnet, entspricht seinem äußeren Erscheinungsbild. Der Ritter in der schimmernden Rüstung ist vielleicht ein verkappter Sadist, und derjenige, der dir Liebe und Unterstützung anbietet, ist vielleicht ein Wolf im Schafspelz.

Schau immer hinter die Fassade, denn nichts ist, wie es scheint. Wenn du weißt, was du willst und brauchst, dann hab Geduld und warte darauf. Viele werden dir begegnen und behaupten, sie seien der Mensch, auf den du gewartet hast, aber nur einer wird authentisch sein. Und dieser macht gewöhnlich nicht viel Aufhebens um seine Person. Meistens ist es der Einfache und Bescheidene, derjenige, der keine großen Worte und Versprechungen macht, sondern einfach deine Hand nimmt und dir ohne Angst in die Augen schaut.

Gleichheit und gegenseitiger Respekt

Wenn du die Erfahrung machen willst, daß du mit anderen auf gleicher Stufe stehst, mußt du bereit sein, andere Menschen zu achten und zu würdigen. Außerdem mußt du allen Menschen, mit denen du zu tun hast, klar und deutlich zeigen, daß du erwartest, respektvoll von ihnen behandelt zu werden – von deinem Ehe- oder Lebenspartner, von deinen Eltern, deinen Kindern, deinen Freunden, deinen Arbeitskollegen und sogar von Fremden. Menschen, die andere ständig kritisieren und herabsetzen, fühlen sich ungeliebt und halten deshalb auch andere für nicht liebenswert. Ihre Urteile über andere entspringen persönlichen Vorurteilen und Selbsttäuschungen, die ihr Bewußtsein vernebeln und ihre Lebensqualität beeinträchtigen. Sie glauben, daß ihre Wahrnehmungen etwas über die Menschen aussagen, die sie verurteilen, aber das stimmt nicht. Ihre Urteile, ihre Kritik, ihre Klagen und Angriffe sagen eine Menge über sie selbst aus und, wenn überhaupt, nur sehr wenig über das Bewußtsein eines anderen Menschen.

Wenn sich irgend jemand dir gegenüber wertend, kritisch oder aggressiv verhält, dann sage dieser Person bitte sofort, wie du dich fühlst. Tu es jedoch, ohne den anderen deinerseits anzugreifen oder zu beschuldigen; bitte einfach nur klar und deutlich darum, respektvoll behandelt zu werden. Darauf hast du ein Recht. Und das liegt in der Verantwortung des anderen.

Erlaube niemandem, dich unfreundlich oder unfair zu behandeln, ohne für dich selbst einzustehen. Aber vergiß nicht: Ich sage nicht, daß du den anderen ebenfalls angreifen oder Vergeltung üben sollst. Ich sage einfach nur, daß du für deine Rechte eintreten und darauf bestehen sollst, daß man dir Achtung entgegenbringt. Indem du die andere Wange hinhältst, zeigst du deinem Angreifer, daß er sich eines Besseren besinnen soll. Wichtig ist, daß du dich der herabwürdigenden Behandlung sofort widersetzt. Andernfalls wirst du insgeheim Groll gegen die Person hegen, die dich kritisiert oder angegriffen hat, und dich berechtigt fühlen, sie zu verurteilen. Das nennt man, wie du weißt, passive Aggression. Subtile, langfristige Vergeltungsmanöver sind nicht besser, als in der Hitze des Gefechts zurückzuschlagen. Es geht darum, überhaupt nicht zurückzuschlagen, sondern klar und energisch für sich einzustehen, ohne die Würde der anderen Person zu verletzen. Solange du nicht im Innersten deines Wesens davon überzeugt bist, eine gute Behandlung zu verdienen, wirst du Mißachtung hinnehmen und zulassen, daß du zum Opfer wirst. Es hat nichts mit Spiritualität zu tun, Opfer zu sein und die eigene Macht an andere abzugeben.

In Wirklichkeit ist es dir selbst und der anderen Person gegenüber verantwortungslos. Du stärkst einen anderen Menschen nicht, indem du deine Macht an ihn abgibst. Du gibst ihm dadurch lediglich ein falsches Gefühl von Verantwortung und Kontrolle, das ihn daran hindert, wirklich Verantwortung für sein eigenes Leben zu übernehmen. Ein solches Arrangement führt in die Co-Abhängigkeit und zu gegenseitiger Schwächung. Wenn eine Person ihr Gewicht nicht selbst trägt, muß die andere die Last für beide tragen. Das führt dann dazu, daß beide schwach, erschöpft, entmutigt und mißmutig werden – nicht nur derjenige, der seine Macht abgegeben hat.

Damit eine Beziehung zwischen zwei Menschen funktionieren kann, müssen beide bereit sein, respektvoll und achtsam mit dem anderen umzugehen. So wird ein Fundament des Vertrauens und der gegenseitigen Rücksichtnahme gelegt, auf dem echte Gleichberechtigung gedeihen kann.

Vergebung

In jeder engen oder intimen Beziehung, wie gut sie auch sein mag, vergessen die Partner irgendwann, sich gegenseitig wertzuschätzen und zu achten. Sie geraten unter Streß und projizieren ihren Schmerz auf den Partner. Sie greifen an und verteidigen sich, beschuldigen und werden beschuldigt, und irgendwann stecken sie mitten im Beziehungsschlamassel. Ich möchte, daß ihr das wißt – aber nicht, damit ihr eine gute Ausrede habt, sondern damit ihr eure Beziehung nicht aufgebt, wenn ihr an einen Punkt gelangt, an dem ihr wachsen sollt und die Chance habt, weiser und innerlich stärker zu werden. Eure Liebesbeziehung ist ein Mikrokosmos eurer gesamten

Lebensreise, deren Verlauf, wie ihr wißt, in hohem Maße von den Beziehungen zu anderen Menschen bestimmt wird. Da es dort draußen in der Welt keine vollkommenen Partner für euch gibt, besteht die Herausforderung darin, den unvollkommenen, der vor euch steht, zu akzeptieren und zu achten und, ja, euch selbst zu achten, auch wenn ihr in eurem Leben immer wieder Fehler macht.

Wenn du und dein Partner oder deine Partnerin euch gegenseitig eure Übergriffe und Grenzverletzungen vergeben könnt, wenn es euch gelingt, eure Vertrauensbasis wiederherzustellen, könnt ihr die Liebe zueinander vertiefen und noch mehr Nähe zulassen als vorher. Das ist der herausfordernde Aspekt von Beziehungen. Jeder kann eine Beziehung eingehen. Es ist leicht, sich zu verlieben, besonders wenn die Hormone am Werk sind. Und es ist nicht viel schwieriger, sich wieder zu trennen, besonders, wenn man die eigenen Ängste auf den Partner projiziert. Doch offenbar sind die wenigsten Menschen bereit, sich gemeinsam in Vergebung zu üben. Und das ist der Grund, weshalb so viele Beziehungen scheitern.

Vergebung ist der Schlüssel zu einer erfolgreichen Beziehung – jeder erfolgreichen Beziehung. Wenn ihr beide entschlossen seid, Vergebung zu üben, könnt ihr selbst dann eine gute Beziehung leben, wenn ihr nicht allzu viel gemeinsam habt. Seid ihr jedoch nicht bereit, dem anderen immer wieder zu vergeben, wird keine Beziehungsstrategie funktionieren. Dann kann euch weder die Religion, noch die Psychotherapie, noch ein Beziehungsworkshop helfen. Wenn einer von euch bereit ist zu vergeben, der andere aber nicht, sieht es ein bißchen besser aus, aber immer noch nicht besonders gut, es sei denn, der Verzeihende gibt ein so beeindruckendes Beispiel, daß der Unwillige ebenfalls bereit wird. Während ein Partner allein Vergebung üben kann, was immer hilfreich ist, braucht es zwei, um die Wunden zu heilen, die durch die gegenseitigen Übergriffe entstanden sind.

Wenn du aus einer Beziehung aussteigst, weil du nicht bereit bist zu vergeben, solltest du dich fragen, wieso du glaubst, in einer neuen Beziehung glücklicher werden zu können? Natürlich sind die Menschen verschieden und manche drücken deine Knöpfe öfter als andere, aber niemand ist vollkommen und jeder wird dich hin und wieder an deine Grenzen bringen. Deine Chance, in einer glücklichen Beziehung zu leben, hängt weniger von der Wahl deines Partners ab als von deiner Bereitschaft, dir selbst und dem Partner, den du gewählt hast, zu verzeihen.

Halte Ausschau nach dem Partner, den du dir wünschst. Bestehe auf gemeinsamen Zielen und Interessen und gegenseitiger Anziehung. Geh keine Beziehung ein, die zu einer Mißbrauchsbeziehung zu werden verspricht, selbst wenn du durch sie letztendlich etwas lernen könntest. Spiele das Spiel der Liebe nicht mit einem halben Kartenspiel.

Doch sei dir darüber im klaren, mein Freund, meine Freundin, daß du nicht darum herumkommen wirst, Vergebung zu üben, wie gut oder schlecht du deinen Partner auch gewählt haben magst. Vergebung ist die Konstante. Sie ist der Schlüssel zu deinem höchsten Glück und dem deines Partners.

Durch Vergebung werden unvollkommene Menschen ganz und zerbrochene Beziehungen werden geheilt und gestärkt. Durch Vergebung lernt ihr, was wahre Liebe und Essenz ist. Durch deine Vergebung wird dein Partner zum Geliebten, zur perfekten Lehrerin, die in dein Leben getreten ist, um dich von Werturteilen und Illusionen zu befreien.

Diese Synergie zwischen Liebendem und Geliebtem ist das große Versprechen jeder Beziehung. Wenn zwei Menschen sich ihrer Verbindung ganz hingeben, werden sie eins im Herzen und im Geist. Dann besteht ihr größtes Glück darin, einander zu dienen. In einer unaufhörlichen Umarmung verschlungen, werden sie zur nährenden Mutter und zum kraftspendenden Vater, die alle verletzten Kinder von den Leiden der Vergangenheit erlösen, die allen Wesen die Botschaft von Liebe und Vergebung bringen, die viele Seelen berühren und ihnen helfen, die wunderbare Gelegenheit zur Intimität, die diese Lebensreise uns bietet, zu ergreifen.

Wertschätzung und Bestätigung

Sobald du und dein Partner etwas Verschiedenes wollen, ist eine Korrektur nötig. Dann ist die Sache schon aus dem Ruder gelaufen und es ist Zeit, einmal innezuhalten, tief durchzuatmen, einen Schritt zurückzutreten und sich genau anzuschauen, was vor sich geht. Frage dich: „Wie wurden wir zu Gegnern? Welche Angst kommt in mir hoch? Welcher Teil von mir möchte geachtet werden und wird meiner Meinung nach nicht geachtet?"

Mache weder dir selbst, noch deinem Partner Vorwürfe. Versuche nicht, Recht zu behalten oder den anderen ins Unrecht zu setzen. Erkenne einfach an, daß du etwas Trennendes zwischen euch wahrnimmst und überzeugt bist, daß du und dein Partner in verschiedene Richtungen streben. Versucht gemeinsam zu verstehen und zu akzeptieren, daß diese trennende Kluft nicht überbrückt werden kann, solange einer der Partner (oder beide) mit den eigenen Ängsten beschäftigt ist.

Nimm dir ein wenig Zeit für dich selbst und mache dir bewußt, wovor du Angst hast, was du glaubst, verteidigen zu müssen, was deine Verletztheit oder Wut ausgelöst hat. Versuche, dich auf die positive Rückmeldung oder Bestätigung, die du von deinem Partner brauchst, einzuschwingen. Wenn ihr dann beide innerlich ruhig geworden seid, könnt ihr euch gegenseitig direkt nach euren Wünschen fragen. Fast immer entspringen Angst, Wut und Verletztheit dem Gefühl, nicht geliebt oder geachtet zu werden. Wenn sich jemand auf eine Weise verhält, die bei dir solche Gefühle auslöst, interpretierst du dieses Verhalten so, daß du schließlich überzeugt bist, dem anderen nichts zu bedeuten. Reagierst du dann verletzt oder wütend, fühlt sich widerum dein Partner von dir mißachtet. Diese Abwärtsspirale von gegenseitigen Angriffen und Abwertungen setzt sich fort, bis ihr beide wirklich genug voneinander habt. Doch es ist ein Spiel, dem ihr beide zugestimmt habt, wenn auch vermutlich nicht bewußt. Wenn du merkst, daß ihr mit dem Spiel „Ich verletze dich, weil du mich verletzt" anfangt, mußt du sofort aussteigen. Sage zu deinem Partner: „Ich möchte das nicht. Wir sollten uns ein bißchen Zeit nehmen, um nach innen zu gehen, bevor diese Situation eskaliert und wir unsere Liebe zerstören." Hör einfach auf zu streiten und sage: „Ich mache jetzt einen Spaziergang. Ich komme zurück, wenn ich besser verstehe, was in mir vorgeht. Ich möchte mit dir reden, wenn ich mich gut fühle, nicht, wenn ich wütend oder verletzt bin."

Auf deinem Spaziergang wird dir vielleicht klar, daß dein Gefühl, nicht geliebt oder geachtet zu werden, sehr tief geht. Es ist nicht nur eine Reaktion auf diesen einen Vorfall mit deinem Partner. Es ist eine Reaktion auf jede Situation in deinem Leben, in der du dich angegriffen, verurteilt, zurückgewiesen, verlassen oder betrogen gefühlt hast. Wenn der Emotionalkörper berührt oder erschüttert wird, werden, selbst wenn der Auslöser unbedeutend scheint, viele Erinnerungen und Erfahrungsebenen abgerufen. Die Traurigkeit, die durch das Gefühl von Liebesverlust ausgelöst wird, kann sehr intensiv sein.

Dein Partner ist ganz gewiß nicht verantwortlich für die Tiefe deiner Traurigkeit. Er war nur ihr Auslöser. Mache ihn also nicht verantwortlich und begreife, daß es hauptsächlich deine Aufgabe ist, den traurigen und verletzten Anteilen deines Wesens Liebe zu geben. Nimm dir Zeit, sei freundlich und liebevoll zu dir selbst. Verstehe, daß du dir von deinem Partner eigentlich nur die Bestätigung wünschst, daß er dich liebt und mit dir zusammen sein möchte. Wenn du zu ihm zurückkehrst, dann bitte um diese Bestätigung. Bitte um Worte, die dich daran erinnern, daß du geliebt wirst. Bitte um eine

Umarmung, ein bißchen Kuscheln, eine Rückenmassage oder einfach um Augenkontakt.

Höre auch, was dein Partner von dir braucht. Und denk daran: Es geht immer darum, daß er oder sie das Gefühl braucht, von dir geliebt und akzeptiert zu werden, ganz gleich, was er oder sie sich an der Oberfläche von dir wünschen mag. Wenn ihr beide Schwierigkeiten habt, euch die Bestätigung zu geben, die ihr braucht, gerät eure Beziehung in eine Krise.

Indem ihr euch gegenseitig kritisiert und abwertet, werden negative Muster erzeugt, die das Vertrauen zerstören und die Liebesschwingung zwischen euch blockieren.

Es ist natürlich nicht realistisch zu erwarten, daß du einem anderen Menschen hundertprozentige Anerkennung und Bestätigung geben kannst, besonders wenn diese Person unsicher und bedürftig ist. Menschen, die nicht gelernt haben, sich selbst wertzuschätzen, haben in Beziehungen große Schwierigkeiten. Sie erwarten mehr Aufmerksamkeit und Anerkennung, als die meisten Partner geben können. Das bedeutet, daß sie oft zurückgewiesen werden, was wiederum ihre Unsicherheit verstärkt. In einer Beziehung gibt es oft Phasen, in denen der eine Partner anscheinend etwas anderes will als der andere. Aber das ist nur das Symptom eines tiefer liegenden Problems. Wenn du genau hinschaust, wirst du erkennen, daß keiner von beiden sich vom anderen anerkannt und bestätigt fühlt.

Würdet ihr euch anerkannt fühlen, dann würdet ihr euch in eurer Beziehung sicher genug fühlen, um den Mut aufzubringen, eure Unterschiede zu erforschen, ohne euch gegenseitig zu bedrohen. Weil du das Gefühl hättest, von deinem Partner geliebt zu werden, und weil du diese Liebesschwingung gern aufrechterhalten möchtest, würdest du im Falle von Meinungsverschiedenheiten keine starre Position einnehmen. Statt dessen würdet ihr gemeinsam nach Möglichkeiten suchen, um eure Bedürfnisse in Einklang zu bringen und jene Bestätigung und Anerkennung zu bekommen, die euch so wichtig ist.

Wenn in einer Beziehung Liebe ist, lautet die Frage immer: „Was werden wir tun?", nicht „Was werde ich tun?" Beide wollen dann das Beste für die Beziehung. Beide wollen das tun, was ihre Verbindung zur Liebe aufrechterhält. Diese gemeinsame Basis zu finden, ist sowohl die Herausforderung als auch die Belohnung, die jede verbindliche Beziehung bereithält. Im Verlauf dieses Prozesses wachsen beide Partner über die engen Grenzen ihrer Eigeninteressen hinaus und lernen, dem höheren Ziel ihrer Verbindung zu dienen.

Die Verbindung zur Liebe aufrechterhalten

Wenn Liebe da ist, werden der Körper und die Welt auf eine höhere Ebene gehoben. Sie werden von Licht und Freude durchströmt, und viele Möglichkeiten tun sich auf. Die Welt, die du siehst, wenn die spirituelle Kraft in deinem Herzen und deinem Leben präsent ist, ist eine andere als die, die du siehst, wenn du vor allem mit deinen Ego-Bedürfnissen beschäftigt bist.

Selbst und Persönlichkeit

Die Liebe ist allgegenwärtig, und doch fällt es euch schwer, mit ihr in Verbindung zu bleiben. Warum ist das so?

Ihr fühlt euch nicht mit der Liebesschwingung verbunden, weil ihr glaubt, daß mit euch irgend etwas nicht in Ordnung ist. Ihr habt Angst, von anderen verurteilt oder zurückgewiesen zu werden. Ihr habt das Gefühl, so wie ihr seid nicht akzeptabel zu sein, weil ihr fast euer ganzes Leben lang die Vorstellungen und Meinungen anderer über euch akzeptiert habt. Doch was die Mutter, der Vater, die Lehrerin, der Pfarrer über euch sagten, ist einfach nur deren Meinung. Einiges war vielleicht zu einem bestimmten Zeitpunkt eures Lebens richtig, aber selbst das stimmt heute höchstwahrscheinlich nicht mehr.

Unglücklicherweise verinnerlicht ihr die Rückmeldungen, die ihr von anderen bekommt. Und euer Selbstbild entwickelt sich auf der Grundlage dieser Rückmeldungen. Mit anderen Worten, eure Meinung über euch selbst beruht nicht auf dem, was ihr über euch selbst wißt und herausfindet, sondern auf dem, was andere Leute euch sagen.

Das *Ich*, das ihr kennt, ist eine Schöpfung aus den Vorstellungen und Wertungen anderer, die ihr als wahr akzeptiert. Selbst eure sogenannte „Persönlichkeit" setzt sich aus Verhaltensmustern zusammen, die ihr übernommen habt, um euch an das Verhalten von Menschen anzupassen, die für euch wichtig waren. Welche Rolle spielt dann das „wahre Ich" in der Gleichung vom Selbst und vom anderen? Das wahre Ich ist der unbekannte Faktor, die Essenz, die unter all den Urteilen und Interpretationen verschüttet liegt, die ihr über euch selbst und eure Erfahrungen akzeptiert habt. Das gilt für jeden von euch. Ihr tretet nicht als authentische, selbstverwirklichte Wesen miteinander in Beziehung, sondern als Persönlichkeiten, Masken, Rollen, Identitäten. Oft besitzen Menschen mehrere Masken, die sie abwechselnd tragen, je nachdem, mit wem sie gerade zusammen sind und was sie von dem jeweiligen Partner erwarten.

Das wahre Selbst geht unter all diesen Verkleidungen verloren, gerät in Vergessenheit. Sein großes Geschenk der Authentizität wird nicht bewußt angenommen. Das wahre Selbst weiß, daß du von Grund auf gut und akzeptabel bist, daß du in der Lage bist, Liebe zu geben und zu empfangen. Es weiß, daß alles möglich ist, wenn du nur intensiv genug an dich glaubst. Das wahre Selbst ist nicht durch die Grenzen, Wertungen und Interpretationen eingeschränkt, mit denen die Persönlichkeit lebt. Man kann in der Tat sagen, daß das Selbst und die Persönlichkeit in zwei verschiedenen Welten leben. Die Welt des Selbst ist strahlend, hier genügt man sich selbst. Die Welt der Persönlichkeit ist dunkel, hier sucht man das Licht bei anderen. Das Selbst sagt: „Ich bin." Die Persönlichkeit sagt: „Ich bin dies" oder „Ich bin das." Das Selbst lebt ohne Bedingungen und bringt sich bedingungslos zum Ausdruck. Die Persona lebt in einem Rahmen von Bedingungen. Das Selbst ist von Liebe motiviert und sagt: „Ich kann." Die Persönlichkeit lebt in Angst und sagt: „Ich kann nicht." Sie beklagt sich und sucht nach Ausreden und Entschuldigungen. Das Selbst nimmt die Dinge an, integriert sie und bietet der Welt sein Geschenk an. Du bist das Selbst, aber du glaubst, du seist deine Persönlichkeit. Solange du dein Leben von der Ebene der Persönlichkeit aus lebst, wirst du Erfahrungen machen, die deine Glaubensmuster in bezug auf dich selbst und andere bestätigen.

Wenn du erkennst, daß alle Persönlichkeiten nur Masken sind, wirst du lernen, hinter die Fassade zu schauen. Und wenn das geschieht, wirst du die strahlende Schönheit des Selbst innen und außen wahrnehmen. Du wirst ein leuchtendes Wesen sehen, das der Liebe wert und liebesfähig ist, das dynamisch, kreativ und großzügig ist und das sich selbst genügt. Das ist deine wahre Natur und es ist die wahre Natur aller Wesen, die in deiner Erfahrungswelt leben.

Wenn du akzeptierst, wer du wirklich bist, wirst du keinen Streit mehr mit anderen haben. Denn du kämpfst nicht mehr mit ihrer Persönlichkeit. Du siehst das Licht hinter der Maske. Dein Licht und ihr Licht ist alles, worauf es ankommt. Wenn du in Kontakt mit der Wahrheit über dich selbst kommst, wirst du erkennen, daß vieles falsch ist, was du im Laufe der Zeit über dich als wahr akzeptiert hast. Du bist nicht besser und nicht schlechter als andere. Du bist nicht dumm und nicht außergewöhnlich intelligent, nicht hübsch und nicht häßlich. Das sind alles nur die Urteile irgendwelcher Leute, die du irgendwann übernommen hast. Keines davon ist wahr. Wenn du die Wahrheit über dich kennst, weißt du, daß du nicht dein Körper bist, obwohl du ihn akzeptieren und gut für ihn sorgen mußt. Du bist auch nicht deine Gedanken und Gefühle, obwohl du dir ihrer bewußt sein und erkennen mußt, wie sie das Drama deines Lebens erschaffen. Du bist nicht die Rolle, die du spielst, nicht der Ehemann oder die Ehefrau, die Mutter oder der Vater, der Sohn oder die Tochter, der Angestellte oder der Chef, die Sekretärin oder der Installateur – obwohl du mit der Rolle, die zu spielen du wählst, in Einklang sein solltest. Du bist nichts von all dem, was du im Außen siehst. Du bist nichts, was durch irgend etwas oder von irgend jemandem definiert werden kann.

Der Zweck deiner irdischen Reise besteht darin, das Selbst zu entdecken und die Persönlichkeit oder Persona hinter dir zu lassen. Du bist hier, um herauszufinden, daß die Quelle der Liebe in deinem eigenen Bewußtsein liegt. Du brauchst die Liebe nicht außerhalb von dir zu suchen. In der Tat hindert dich gerade dieses Suchen im Außen daran, die Liebe in dir selbst zu entdecken. Und wenn du sie nicht in deinem Innern finden kannst, wirst du sie niemals in anderen finden.

Du kannst das Licht in anderen nicht sehen, bevor du es in dir selbst sehen kannst. Siehst du es erst einmal in dir selbst, so siehst du es auch in allen anderen. Es spielt keine Rolle, ob sie es sehen oder nicht. Du weißt, daß es da ist. Und du wendest dich an dieses Licht, wenn du zu ihnen sprichst. Die Welt der Persönlichkeiten ist chaotisch und reaktionär. Sie funktioniert auf der Basis von Angst und Wertung. Sie ist nur deshalb real, weil du und andere an sie glauben und weil ihr euch über die dort herrschenden Bedingungen definiert. Aber diese Bedingungen sind nicht die höchste Realität. Sie sind einfach nur ein kollektives Drama, das ihr erschaffen habt. Ja, in diesem Drama gibt es bestimmte Regeln, Kostüme, Interaktionen, Beziehungsmuster und natürlich ein Drehbuch. Aber all das wird bedeutungslos, wenn du dein Kostüm ausziehst und die Bühne verläßt.

Vergiß nicht, das Spiel wird weitergehen. Es hängt nicht von dir allein ab. Aber wenn du weißt, daß es nur ein Spiel ist, kannst du entscheiden, ob du daran teilnehmen willst oder nicht. Wenn du daran teilnimmst, weißt du dennoch, wer du bist, und verstehst, welche Rolle du spielst, ohne dich mit ihr zu identifizieren. Das Leiden hat ein Ende, wenn du an keinerlei Bedingungen mehr gebunden bist. Dann ruhst du im Selbst, der Verkörperung der Liebe, der Quelle der Schöpfung.

Wer ist Christus?

Das Selbst ist allmächtig, die Persönlichkeit ist es nicht. Sie erscheint nur deshalb mächtig, weil das Selbst sie belebt. Auf die gleiche Weise ist auch der Atem allmächtig, der Körper ist es nicht. Er hat nur deshalb Kraft, weil der Atem ihn belebt. Der Körper ist ein temporäres Gefäß für den Atem. Die Persona ist ein temporäres Gefäß für das Selbst. Atem und Selbst reichen tiefer als jede Erfahrung oder jedes System von Bedingungen. Sie entspringen dem inneren Raum und können deshalb nicht im Äußeren definiert werden. Wenn du tief atmest, läßt du die Spannungen los, die den Körper krank machen. Rhythmisches Atmen versetzt dich in einen Zustand physischer Ekstase. Wenn du dich an das Selbst erinnerst, löst du dich von den Empfindlichkeiten deiner Persönlichkeit. Du erfährst einen Frieden und eine Freiheit jenseits aller Bedingungen, die dich zu binden scheinen. Als Selbst bist du niemals ein Gefangener von Bedingungen. Wie könntest du es sein? Immer, wenn du dich als Gefangenen oder als hilfloses Opfer siehst, bist du mit deiner Persönlichkeit identifiziert. Wenn du jedoch im Selbst weilst, weißt du, daß du absolut unschuldig und frei bist, ganz gleich, was andere von dir denken.

Christus kann gekreuzigt werden, aber man kann ihn nicht zwingen, diejenigen zu hassen, die ihn angreifen. Er bleibt in seiner Liebe fest, ungeachtet des Hasses in den Herzen der anderen. Christus geht sanft und freundlich mit sich selbst und allen anderen um, aber er wird die Wahrheit stets furchtlos verteidigen. Niemand kann ihn einschüchtern, aber auch er würde niemals irgendeinen Bruder oder eine Schwester einschüchtern. Er fordert seine Geschwister nur auf, aufzuwachen und das Gewand der Liebe anzulegen. Ihr sollt nicht glauben, daß ich allein der Christus bin. Damit würdet ihr meine Lehre völlig mißverstehen. Jeder von euch ist der Gesalbte. Jeder von euch ist der Auserwählte. Aber es genügt nicht, auserwählt zu sein. Meine jüdischen Brüder und Schwestern waren auserwählt, aber sie haben sich dafür entschieden, Götzen anzubeten. Meine christlichen Brüder und Schwestern waren auserwählt, aber sie haben eine Farce aus meiner Lehre gemacht. Ihr seht also, daß es nicht genügt, auserwählt zu sein. Ihr müßt auch selbst wählen. Wollt ihr den Weg gehen, der sich vor euch auftut, oder wollt ihr ihn verlassen? Andere Wege werden euch stets mehr versprechen, aber weniger halten. Es mag verlockend sein, diese Wege auszuprobieren. Das ist in Ordnung. Ich verurteile euch nicht dafür, daß ihr nach Abkürzungen sucht. Nur sollet ihr merken, wenn ihr in eine Sackgasse geraten seid, und wieder umkehren. Ihr könnt eure Spur bis zu der Stelle zurückverfolgen, wo ihr vom Weg abkamt, wenn ihr nur entschlossen genug seid.

Ich habe nie von euch verlangt, vollkommen zu sein. Auch ich war nicht vollkommen, obwohl ihr das glaubt. Das ist allerdings ein Problem. Wenn ich vollkommen bin, müßt auch ihr vollkommen sein. Und wenn ihr nicht vollkommen seid, glaubt ihr, daß ihr vor mir und vor euch selbst versagt habt. Das ist absoluter Unsinn. Bitte macht euch von diesen falschen Vorstellungen frei. Akzeptiert euch selbst, wie ihr seid, mit all euren Fehlern und scheinbaren Schwächen. Dann erst seid ihr bereit, den Weg gemeinsam mit mir zu gehen.

Beichten und Buße tun

Warum glaubt ihr, bat ich euch, eure Sünden zu beichten? Glaubt ihr im Ernst, ich hätte es getan, um irgendeinem Priester Macht über euch zu geben, damit ihr ihn oder die Kirche um Vergebung bitten müßt? Was für ein Unsinn! Ich würde euch niemals auffordern, irgend jemand anderes um Vergebung zu bitten, als den Gott in eurem eigenen Herzen. Bitte versteht, was ich sage. Ich forderte euch auf, eure Sünden zu beichten, damit ihr ein wenig von eurer Last loswerden könnt, damit ihr euch von den Urteilen lösen könnt, die ihr über euch selbst und andere fällt. Ihr könnt nicht an meiner Seite gehen, solange ihr diese Urteile mit euch herumschleppt. Sie sind eine zu schwere Last. Ihr könnt sie nicht dorthin mitnehmen, wo wir gemeinsam hingehen müssen.

Beichtet also eure Sünden und bekennt euch zu eurem Schmerz an einem stillen Ort, den kein anderer Mensch betritt. Vergebt euch eure Fehler. Schwört, daß ihr lernen und es besser machen wollt. Verbindet euch in diesem privaten Raum, in dem ihr betet und beichtet, mit der Liebe, und nehmt diese Liebe mit hinaus in die Welt. Sucht diesen inneren Tempel auf, wenn euch all eure weltlichen Angelegenheiten und eure Bindung an sie zur Last werden.

Kommt und nehmt Zuflucht an diesem heiligen Ort. Kommt und laßt eure Sorgen los, eure Ängste und eure Schuldgefühle über alles, was ihr gesagt oder getan habt. Kommt und laßt eure Herzen heilen, damit ihr Wiedergutmachung an jenen leisten könnt, die ihr herabgesetzt oder schlecht behandelt habt. Kommt und findet Frieden, damit ihr in die Welt hinausgehen und mit euren Brüdern und Schwestern Frieden schließen könnt.

Ich forderte euch auf, eure Sünden zu beichten und nicht an ihnen festzuhalten. Ich forderte euch auf, euch selbst zu vergeben und nicht zuzulassen, daß eine kirchliche Hierarchie euch in ständiger Abhängigkeit hält. Und wenn du dich selbst gefangen gehalten hast, dann wisse, mein Bruder, meine Schwester, daß es jetzt Zeit ist, dir selbst die Freiheit zu schenken. Was du auch gesagt oder getan hast, du hast es nicht verdient zu leiden. Dein Leiden wird die Hungrigen nicht satt machen und die Kranken nicht heilen.

Nein, mein Freund, meine Freundin, komm und akzeptiere die Vergebung, die ich dir anbiete, damit du mit einer klaren Vision und innerlich gestärkt in dein Leben zurückkehren kannst. Ich biete dir Freiheit an, aber nicht nur für dich allein, sondern auch um all jener willen, die deine Liebe und deine Unterstützung brauchen. Komm und widme dich aufs neue der Aufgabe, um deretwillen du auf diese Erde gekommen bist. Wenn du lieblos gehandelt hast, ist es unbedingt notwendig, daß du dich von Schuldgefühlen, von Ausreden und von deiner Opferrolle freimachst. Komm, nimm den Friedenszweig und trage ihn dorthin, wo die Menschen

Stärkung und Hoffnung brauchen. Deine Liebe kann alle Wunden der Vergangenheit heilen, wenn du nur bereit bist, an dich selbst und andere zu glauben.

Es hilft weder dir noch irgend jemand anderem, wenn du dich weiterhin in Ketten hältst. Komm und nimm meine Vergebung an, so daß du sie an andere weitergeben und zu einer heilenden, versöhnenden Kraft werden kannst. Nichts anderes kann dir Freude oder Erlösung bringen. Laß dir nicht von anderen sagen, wer du bist. Denn du bist nicht das, was andere über dich sagen, auch wenn du ihre Erwartungen anscheinend erfüllst. Überlege dir gut, mein Freund, meine Freundin, ob du weiterhin in Angst und Schmerz leben willst, nur weil andere von dir erwarten, daß du hart und gefühllos bist. Willst du dein Leben vergeuden, nur um ein Image zu schützen, das dir irgend jemand vor langer Zeit übergestülpt hat? Ich sage nein, mein Bruder, meine Schwester. Es ist Zeit, daß du dieses Image verwirfst. Das bist du nicht. Es wird dir weder Frieden noch Glück bringen. Laß es los. Und laß mich dir helfen, dich ganz neu kennenzulernen.

Als ich in die Welt hinausging, um meinen Brüdern und Schwestern zu dienen, nahm ich den Namen Emmanuel an, um mich immer daran zu erinnern, daß Gott bei mir ist. Indem ich mich ständig an Gott erinnerte, konnte ich meine Unschuld sehen, aber auch die Unschuld und Reinheit aller Wesen, denen ich auf meiner Reise begegnete. Du mußt dasselbe tun. Du mußt Gott in deinem Herzen tragen und dich daran erinnern, daß deine einzige Aufgabe auf dieser Erde darin besteht, deine Unschuld zu akzeptieren und anderen zu helfen, das gleiche zu tun. Deshalb bist du zu mir gekommen. Und ich werde alles nutzen, was du mir bringst. Wenn du ein Krimineller warst, ein Drogendealer, eine Alkoholikerin, eine Prostituierte, ein korrupter Pfarrer oder Politiker, werde ich das nutzen. Ich werde dich wieder zu den Menschen schicken, deren Ängste und Gewohnheiten du kennst, und gemeinsam werden wir sie nach Hause führen. Nein, nicht indem wir ihr Handeln verurteilen oder versuchen, sie zu ändern, sondern indem wir sie lieben, sie als ganz und heil sehen und sie an die Wahrheit über sich selbst erinnern, die sie vergessen haben.

Bekehrung

Wenn du sicher in deiner eigenen Erfahrung des Göttlichen ruhst, hast du es nicht nötig, irgend jemanden von deinem Glauben zu überzeugen. Du bist allerdings gern bereit, deine Erfahrung mit anderen zu teilen, weil sie so bedeutungsvoll für dich ist. Du mußt jedoch verstehen, daß du anderen nur in dem Maße eine Hilfe bist, in dem du sie ermutigst, jene Elemente deines Bekenntnisses zu nutzen, von denen sie sich gestärkt und emporgehoben fühlen. Sie müssen selbst entscheiden, was ihnen hilft, nicht du. Indem du versuchst, anderen deinen Glauben oder deine Meinung aufzuzwingen, mißachtest du ihr Recht, selbst zu entscheiden, was gut für sie ist. Das ist Manipulation, kein Dienst am Nächsten.

Es wird soviel Gewicht auf Worte und Konzepte gelegt, aber ich sage dir, sie sind nicht entscheidend für die Erfahrung der Bekehrung. Bekehrung findet hauptsächlich im Herzen statt, weniger im Kopf. Die Menschen werden nicht zu irgendeiner Gottesvorstellung bekehrt, sondern zu einer Erfahrung der Liebe. Jemand, der an nichts glaubt, was über sein kleines Ego hinausgeht, öffnet sich plötzlich für eine liebende Präsenz, die in ihm und anderen existiert. Das ist die Erfahrung, die ein Leben verändert, die Menschen hilft, sich selbst anzunehmen und zutiefst zu würdigen. Menschen werden nicht zur Macht der Liebe bekehrt, indem sie irgendein Glaubenssystem übernehmen und es wie Papageien vor anderen wiederholen. Es wird nicht durch Bekehrungseifer erreicht. Es geschieht nicht, wenn du andere ins Unrecht setzt und versuchst, sie dazu zu bringen, die „richtige Lehre" anzunehmen. Die Menschen werden zur Macht der Liebe bekehrt, wenn du sie bedingungslos liebst und akzeptierst. Das bedeutet, daß es dir gleich ist, was sie glauben. Es ist dir auch egal, wie sie sich kleiden, welche Lieder sie singen oder wie sie ihre Toten begraben. All das ist unwesentlich. Wenn du andere Menschen so lieben und annehmen kannst, wie sie sind, wirst du zu einem wahren Diener Gottes, einem echten Bruder, einer echten Schwester.

Du mußt sie nicht dazu bringen, ihren Glauben oder ihre Gebräuche aufzugeben. Auch mußt du nicht ihr Leben in Ordnung bringen. Du mußt ihnen nur durch deine Worte und Taten die Macht der Liebe demonstrieren. Das fesselt ihre Aufmerksamkeit. Niemand kann einem Menschen widerstehen, der

Liebe ausstrahlt. Jeder will zu seinen oder ihren Füßen sitzen. Kannst du dir das vorstellen? Die Menschen wurden nicht eingeladen, geschweige denn mit Bekehrungsversuchen traktiert, sie kommen ganz von selbst. Sie kommen, weil die Liebe sie ruft und sie auf diesen Ruf antworten. Ihr müßt nicht hinausgehen und meine Botschaft auf aggressive Weise verbreiten. Ihr müßt den Leuten nicht eins mit der Keule überziehen und sie in eure Kirchen oder Synagogen schleifen. Liebt euch einfach, und die Menschen werden von selbst kommen. Haltet das Feuer der Liebe lebendig, und sie werden weiterhin kommen. Sie werden kommen und ihr Gefäß bis zum Rand mit Liebe füllen. Und dann werden sie dorthin zurückkehren, wo sie herkamen, und diese Liebe weitergeben. So verbreitet sich meine Botschaft.

Es macht keine Mühe, der Liebe zu dienen. Du liebst einfach, und die Leute kommen zu dir. Du gestehst deine Fehler ein und bekennst dich zu deinen Ängsten und Sorgen, und die Leute werden dich noch mehr in ihr Herz schließen. Du mußt nicht perfekt sein, um meine Botschaft weitergeben zu können, aber du mußt bescheiden sein. Du mußt die Menschen dort treffen, wo sie sind. Und du mußt ehrlich sagen, wo du stehst. Das Vorspiegeln falscher Tatsachen wird dir nichts nützen. Wenn du dich selbst belügst, wirst du auch andere belügen, und wenn du andere belügst, wirst du schließlich entlarvt werden. Du kannst wertvolle Zeit sparen, indem du gleich von Anfang an die Wahrheit sagst. Niemand ist vollkommen. Ich bin nicht vollkommener als du, und du bist nicht vollkommener als der oder die Geringste unter deinen Brüdern oder Schwestern. Jeder von euch macht Fehler. Jeder von euch muß viel über das Geben und Nehmen von Liebe lernen. Wir kommen nicht in den Himmel, indem wir vorgeben, wir seien bereits dort, noch gelangen wir dorthin, indem wir vorgeben, irgendein unüberwindbares Handicap zu haben. Der Himmel ist allen zugänglich, die bereit sind, etwas über die Liebe zu lernen. Bist du bereit, weiter zu lernen? Wenn ja, werden sich die Türen des Himmels für dich öffnen – eine nach der anderen. Jedesmal, wenn du durch eine Tür gehst, öffnet sich eine weitere. Denn es gibt viele Räume im Haus der Liebe, und jeder Raum muß ganz genau erforscht werden.

Wenn du beginnst, die Liebe in dein Herz zu lassen, ist diese Entdeckungsreise nicht länger mühsam. Im Gegenteil, sie gibt dir Energie und fängt an, dir Spaß zu machen. Du entdeckst, daß du viele Gaben hast, die du auf deinem Weg mit anderen teilen kannst. Und du lernst, die Geschenke anzunehmen, die andere mit dir teilen wollen. Rümpfe nicht die Nase über das Geschenk eines anderen Menschen. Schätze es nicht gering. Nimm es an, auch wenn es deinem nicht ebenbürtig zu sein scheint. Schau in die Augen deines Bruders, deiner Schwester und erkenne, wie sehr er oder sie sich wünscht, dieses Geschenk weiterzugeben. Dann kannst du es nicht zurückweisen. Und was weißt du schon über dieses Geschenk? Wenn Gott dir einen Frosch gibt, wirst du ihn in den Teich zurückwerfen, wo du doch weißt, daß Frösche sich in Prinzen verwandeln können? Das, meine Freunde, wäre nicht sehr klug. Seid offen für Überraschungen. Die größten Geschenke bekommt man oft dann, wenn man sie am wenigsten erwartet.

Das Wunder leben

Ich widerspreche nicht gern einem eurer Lieblingssprüche, aber es ist wirklich nicht immer hilfreich, „ein Wunder zu erwarten". Manchmal glaubt ihr, ein Wunder müsse geschehen, wenn euch mit einem bißchen gesunden Menschenverstand schon ausreichend gedient wäre. Und manchmal seid ihr ganz sicher, daß euch nur noch ein Wunder helfen kann, obwohl ihr nichts anderes tun müßt, als durch eure Angst hindurchzugehen.

Ich will damit nicht sagen, daß Wunder Mangelware sind und ihr sie für besondere Gelegenheiten aufsparen müßt. Im Gegenteil; ständig geschieht irgendwo ein Wunder, aber ihr seht es oft gar nicht, weil ihr ein Feuerwerk erwartet. Wenn ihr in eurem Leben euer Bestes gebt, sorgt ihr ständig dafür, daß Wunder geschehen. Wenn ihr durch eure Angst hindurchgeht, eure Projektionen erkennt und euch entmutigten oder ängstlichen Menschen liebevoll zuwendet, seid ihr „Wundertäter". Doch wenn ihr klug seid, nennt ihr euch nicht so. Ihr versucht nicht, im Mittelpunkt zu stehen, sondern überlaßt das Lob denjenigen, die ihr unterstützt und gestärkt habt: „Siehst du, was du mit Gottes Hilfe geschafft hast ... Ist das nicht phantastisch!" Ihr helft anderen, Selbstvertrauen zu entwickeln, damit sie lernen, ihre eigenen Wunder zu wirken.

Manche von euch glauben, daß Gott die ganze Arbeit tut. Aber da muß ich euch leider enttäuschen. Ihr leistet neunzig Prozent der Arbeit, die in jedem Wunder steckt. Gott gibt nur zehn Prozent dazu. Gott inspiriert und führt euch, aber ihr macht die Arbeit. Dennoch könnt ihr euch für das, was ihr im Namen Gottes tut, nicht mit Lorbeeren schmücken. Der Dank gebührt Gott, selbst wenn ihr neunzig Prozent der Arbeit geleistet habt. Warum? Weil ihr nicht wollt, daß andere von euch abhängig werden. Ihr wollt, daß sie verstehen, daß es der Gott in ihrem eigenen Herzen ist, der all das geschehen läßt. Dann werden sie anfangen zu lauschen. Und wenn sie die göttliche Inspiration in ihrem Innern empfangen, werden sie danach handeln. Sie werden ihre ganze Energie hineingeben, werden ihre eigenen Wunder wirken und sie anderen zum Geschenk machen.

Ich hätte die Heilungen, die in meiner Gegenwart stattfanden, als mein Verdienst ausgeben können, aber ich tat es nicht. Denn ich war nur ein Katalysator für diese Ereignisse. Das Vertrauen, das die Menschen in mich hatten, lernten sie in sich selbst zu finden. Ich gab die Menschen wieder in Gottes Obhut. Ich wollte keine Anhängerschaft. Und ich will auch jetzt keine. Bitte geh nicht herum und sage: „Jesus sagt dies, Jesus sagt jenes". Vergiß Jesus. Sei einfach eine liebende, annehmende Präsenz. So kannst du anderen helfen, zu ihrem eigenen wahren Selbst zu finden. Du siehst, es spielt keine Rolle, wer das Tor ist. Ich könnte es sein. Du könntest es sein. Es könnte auch ein anderer Bruder, eine andere Schwester sein. Aber es ist nicht nötig, das Tor anzubeten. Wenn das

Tor angebetet werden muß, erfüllt es seinen Zweck nicht mehr. Wenn die Leute den Finger ergreifen, der zum Mond weist, können sie nicht mehr sehen, wohin er zeigte. Mach dich nicht wichtig. Überlaß anderen die Ehre, und du wirst wahrhaft geehrt werden. Du wirst erleben, was es bedeutet, das Tor zu sein, das sich öffnet, wenn die Menschen anklopfen. Und ich versichere dir, es gibt keine größere Freude.

Wenn du nicht versuchst, die Aufmerksamkeit auf dich zu lenken, kannst du in jedem Augenblick auf einer sehr tiefen Ebene arbeiten. Niemand wird deine Arbeit behindern. In der Tat werden nur die Achtsamsten überhaupt bemerken, was du tust. Es ist selten, daß ein Mensch eine solche Arbeit tut, ohne Aufmerksamkeit zu erheischen, ohne populär sein zu wollen, ohne eine Organisation um sich herum aufzubauen. Es ist selten, daß ein Mensch andere inspiriert, ohne beweihräuchert werden zu wollen, andere heilt, ohne eine Behandlungsgebühr zu fordern, und gibt, ohne etwas dafür zu verlangen. Vielleicht suchst du nach einem solchen Menschen, aber du wirst ihn nur finden, wenn du bereit bist, in seine Fußstapfen zu treten.

Die größten Lehrer sind die bescheidensten, die liebevollsten, diejenigen, die anderen am meisten Kraft geben. Wenn du einen solchen Lehrer, eine solche Lehrerin finden willst, mußt du hinter die äußeren Fassaden schauen. Suche nach dem Mann oder der Frau, die dir nichts versprechen, sondern dich ohne zu zögern einfach lieben. Finde den Lehrer, der nicht vorgibt, dich in Ordnung zu bringen oder zu belehren, sondern der dein Herz öffnet, wenn er dir in die Augen schaut.

Wenn du an große Lehrer/innen denkst, kommen dir glitzernde, fließende Gewänder und große Menschenansammlungen in den Sinn. Aber dieses ganze Brimborium ist nicht nötig. Oft ist es eher hinderlich. Alles konzentriert sich auf den Guru, anstatt auf den Schüler. Aber es ist der Schüler, der aufwachen muß, nicht der Guru. Eines Tages werde ich ein schönes Altersheim für Gurus gründen. Ich werde sie an einem wunderschönen Ort in den Anden oder im Himalaya zusammenrufen, wo sie Boccia oder Mensch-ärgere-dich-nicht spielen können. Vielleicht hören sie dann auf, so viele Probleme zu machen. Ohne äußere Autoritätsfiguren, die euch bestätigen oder inspirieren, seid ihr mehr auf eure eigene innere Führung zurückgeworfen und müßt eure eigenen Erfahrungen achtsamer wahrnehmen. Ihr werdet aufhören müssen, ständig nach einem Feuerwerk Ausschau zu halten. Ihr müßt selbst am Gewebe eures Lebens arbeiten und werdet lernen, das sich entfaltende Muster mit allen Fehlern zu akzeptieren.

Wie ausgeglichen, weit entwickelt oder heilig du auch sein magst, das Leben wird sich nicht so entfalten, wie du es erwartest. Manchmal wird eine verborgene Herausforderung in den Vordergrund treten und all deine Liebe, Geduld oder Aufmerksamkeit in Anspruch nehmen. Ein andermal bekommst du vielleicht ein unerwartetes Geschenk, das plötzlich wie ein Kolibri am Vogelhäuschen in deinem Garten auftaucht.

Diese Reise hat ihre Höhen und Tiefen. Aber die Höhen sind nicht immer hoch und die Tiefen nicht immer tief. Buddha wußte das. Und du wirst es auch lernen. Bleibe einfach unbeirrt auf deinem Weg. Erwarte keine Wunder. Nein, nein, nein. Erwarte überhaupt nichts. Geh einfach mit dem, was geschieht, so gut du kannst.

Was dich bindet

Du wirst im Laufe deines Lebens viele kleine Tode sterben, wenn du die Arme, die dich einst hielten, loslassen und du allein in eine unsichere Zukunft hinausgehen mußt. Jedesmal, wenn das geschieht, werden deine Ängste hochkommen, und du wirst durch sie hindurchgehen müssen. Das Loslassen ist eine der schwierigsten Lektionen auf dieser physischen Ebene. Doch indem du losläßt, erfährst du eine neue Freiheit. Das ist die Bedeutung von „Wiedergeburt".

Die Sprache der Angst

Wenn du der Meinung bist, ein anderer Mensch sei weniger wert als du, dann siehst du ihn mit den Augen der Angst. Und Angst ist blind, wie du weißt. Niemand ist weniger wert als du, selbst wenn diese Person sich dir gegenüber unangemessen verhält. Ihre Angst macht sie so aggressiv. Und deine Angst bringt dich dazu, ihr gegenüber genauso aggressiv zu handeln oder zu denken. Die Angst eines Menschen löst oft auch in seinem Gegenüber Angst aus. Das ist die Gleichung gegenseitiger Verletzung. Die einzige Möglichkeit, diesem Teufelskreis von gegenseitigem Angreifen und Abwehren zu entkommen, besteht darin, den Angreifer zu sehen, wie er wirklich ist. Wenn du ihn als akzeptablen Menschen sehen kannst, der aus seiner Angst heraus auf dich reagiert, kannst du dich ihm gegenüber auf eine Weise verhalten, die seine Angst verringert.

Das bedeutet, daß du ihn nicht ebenfalls angreifst. Aber es bedeutet nicht, daß du ihm erlaubst, dich kleinzumachen oder einzuschüchtern. Jeder von euch muß eine Möglichkeit finden, liebevoll für sich selbst einzustehen, ohne andere Menschen herabzusetzen. Es ist ganz wichtig, daß ihr euch selbst achtet. Und diese Selbstachtung muß auch den anderen einbeziehen. Eure Liebe angesichts der Angst eines anderen Menschen aufrechtzuerhalten und auszudehnen ist eine der schwierigsten Herausforderungen, die ihr zu bewältigen habt. Doch es ist ganz wichtig, daß ihr das lernt. Es gibt so viele Menschen, die voller Angst sind und diese Angst aggressiv ausagieren, daß ihr unweigerlich einigen davon begegnen werdet. Ich spreche nicht nur von Mördern, Dieben und Vergewaltigern. Ich spreche von ganz gewöhnlichen Menschen, die euch auf der Autobahn schneiden, euch Schimpfworte nachrufen, euch auf dem Bürgersteig beiseite stoßen, die drohen, euch zu verklagen, oder unwahre Dinge über euch verbreiten.

Viele Menschen sind Zeitbomben der Wut, die nur darauf warten, explodieren zu können. Ruhst du nicht in deiner Mitte, wenn du mit ihnen in Kontakt kommst, kannst du leicht ihren Zorn auslösen. Du kannst mit solchen Situationen gut umgehen, wenn du dich darum bemühst, Urteile über andere zu vermeiden, und indem du versuchst, dein Herz selbst dann für sie offen zu halten, wenn sie dich unfair behandeln. Natürlich sollst du sie wissen lassen, daß du respektvoll behandelt werden willst, aber du solltest auch ihnen Achtung entgegenbringen, wenn du sie damit konfrontierst. Konfrontiere andere nicht, wenn du wütend bist. Wenn du mit Wut oder Ablehnung auf den Angriff eines anderen Menschen reagierst, verschlimmerst du die Situation nur noch. Halte inne, bevor du reagierst, mach eine Pause und gib dir selbst Gelegenheit, deine Handlungsmöglichkeiten auszuloten. Welche Reaktion hilft dir, deinen Standpunkt klarzumachen, ohne die andere Person zu bedrohen? Mit welcher Reaktion kannst du euch beiden Achtung entgegenbringen? Du brauchst nicht auf die der Angst entspringenden Worte und Taten anderer Menschen zu reagieren. Du kannst auf das reagieren, was hinter ihren Worten und Taten verborgen ist. Du kannst ihnen die Liebe und Achtung entgegenbringen, nach der sie sich sehnen. Wenn sie diese Schwingung von dir spüren, wird ihre Feindseligkeit dir gegenüber nachlassen.

Ich habe nie gesagt, daß dieser Weg bequem ist. Er konfrontiert dich mit echten Herausforderungen, und du mußt lernen, dich diesen Herausforderungen zu stellen. Auch du hast manchmal Angst und verhältst dich Menschen gegenüber feindselig, die deinen Zorn und deine Anschuldigungen nicht verdient haben. Du mußt lernen, dich für diese Angriffe zu entschuldigen. Du mußt erkennen, wann du hart und lieblos handelst, und Verantwortung dafür übernehmen, andere mit mehr Freundlichkeit und Respekt zu behandeln. Das ist eine zweispurige Fahrbahn. Jeder, der irgendwann von einem anderen Menschen schlecht behandelt wird, hat selbst schon so gehandelt. In dieser Hinsicht habt ihr alle die gleichen Lektionen zu lernen.

Von zu Hause weggehen/ nach Hause zurückkehren

Indem du glaubst, ich oder irgend jemand anderes hätte etwas, was du nicht hast, gibst du deine Macht ab. Um es mit den Worten eines bekannten Gospel-Songs zu sagen: „Du hältst die ganze Welt in deinen Händen." Dir fehlt überhaupt nichts. Und was immer du brauchst, wirst du finden, wenn du an dich selbst glaubst. Aber zuerst mußt du lernen, auf dich selbst zu vertrauen und auf die unerschöpflichen Quellen, die dir als geistigem Wesen zur Verfügung stehen. Schränke die dir zur Verfügung stehenden Möglichkeiten nicht ein. Schließe die Türen der guten Gelegenheiten nicht durch negatives Denken. Sei offen. Sei bereit. Laß deine spezifischen Erwartungen los, aber halte an der allgemeinen Erwartung und dem Glauben fest, daß deine Bedürfnisse auf eine Weise erfüllt werden, die du noch nicht einmal ansatzweise verstehst. Gib dich hin. Ruhe in dem Vertrauen, daß Gott nur Gutes für dich bereithält. Wisse, daß sogar die Prüfungen und Lektionen nur dazu dienen, dich stärker und liebesfähiger zu machen. Laß Gott dein Lehrer sein. Laß das Tao in dir aufblühen. Du brauchst die Dinge nicht mehr zu kontrollieren. Wenn du bereit bist zu kooperieren, fließt das Leben durch dich hindurch. Du wirst zum Kanal, durch den bedingungslose Liebe in die Welt fließen kann. Gib deine Macht nicht an andere ab. Kein anderer Mensch weiß, was gut für dich ist. Niemand anders weiß, was deine Aufgabe auf dieser Erde ist. Halte dich von Medien, Lehrern, Therapeuten und Gurus fern, die dein Leben mit Hilfe ihrer eigenen eingeschränkten Vorstellung über sich selbst und dich lenken wollen. Du besitzt bereits alles, was nötig ist, um weise durch dieses Leben zu gehen. Vertraue darauf. Vertraue auf deine Verbindung zur Quelle aller Dinge. Du bist nicht weiter von Gott entfernt als ich. Du brauchst mich nicht, damit ich dich zu Gott führe. Du brauchst auch deinen Partner oder deine Lehrerin nicht, um zu Gott zu gelangen. Du bist bereits da.

Gott kann sich überhaupt nicht von dir entfernen. Gott ist immer präsent in deinem Leben. Wenn du diese Präsenz nicht spürst, dann deshalb, weil du dich entfernt hast. Du hast deine Macht an irgendeine irdische Autorität abgegeben. Du hast den Raum des in deinem Innern wohnenden Gottes verlassen, weil du nach irgend etwas Besonderem in der Welt suchtest. Von dieser Suche wirst du immer mit leeren Händen zurückkehren, aber das hat nicht zu Folge, daß du aufhörst, die Antwort irgendwo außerhalb deiner selbst zu suchen.

Viele von euch glauben, daß ich ausschließliche Loyalität von euch erwarte. Nichts könnte weiter von der Wahrheit entfernt sein. Wenn ich euch bitte, an mich zu glauben, dann tue ich das, um euch zu ermutigen, damit ihr wißt, daß ihr das gleiche tun könnt, was ich getan habe, damit ihr eure eigene Herrlichkeit sehen könnt. Aber ihr könnt das auch direkt tun. Ihr könnt auch ohne mich auskommen. Ich bin keine notwendige Voraussetzung für eure Erlösung. Du bist das Lamm Gottes, du bist derjenige, der gekommen ist, um dir selbst zu vergeben und die Welt aus den Ketten des Neids und der Schuld zu befreien. Wenn du einen Lehrer oder eine Lehrerin hast, die oder der dich ermutigt und dir Kraft gibt, freue ich mich darüber. Es spielt keine Rolle für mich, ob dieser Lehrer Buddhist oder Jude, Christ oder Moslem, Schamane oder Geschäftsmann ist. Wenn du durch ihn oder sie lernst, auf dich selbst zu vertrauen, wenn du im Geiste und im Herzen offener wirst, dann freue ich mich für dich. Es spielt auch keine Rolle, welchen spirituellen Weg du gewählt hast, an welche Symbole du glaubst oder welche Schriftrollen du als heilig betrachtest. Ich schaue nur auf die Früchte all dieser Bemühungen, um zu erkennen, ob du deine eigene Göttlichkeit erkennst oder diese Macht an irgend jemanden oder irgend etwas außerhalb von dir abgibst.

Nein, ich fordere nicht deine ausschließliche Loyalität. Ich bitte dich einfach nur, einen Lehrer oder eine Lehrerin und eine Lehre zu wählen, die dir hilft, die Wahrheit in deinem eigenen Herzen zu entdecken, denn nur dort kannst du sie finden. Wenn du deine Macht an andere abgibst, ob an mich oder irgend jemand anderen, weiß ich, daß du mich nicht verstanden hast. Wie oft habe ich dir gesagt, daß ich nicht der einzige Sohn oder die einzige Tochter Gottes bin? Jeder von euch trägt dieses Erbe in sich. Wir sind alle Gottes Kinder. Die göttliche Liebe und Weisheit existiert in uns allen. Alle Antworten auf unsere Fragen, sämtliche Lösungen für unsere Probleme liegen bereits in unserem Innern. Ich stehe vor euch als Beispiel, als Mensch, der seine Göttlichkeit erkannt hat, während er auf dieser Erde in einem Körper lebte. Ich habe euch die Kraft demonstriert, die sich manifestiert, wenn man auf seine innere Stimme hört und ihr folgt – ungeachtet der Urteile oder Einwände anderer. Ich stehe für die innere Autorität der universalen Herz-Geist-Einheit, die jeden und jede gleichermaßen achtet. Ich weiß, daß du gar nicht anders kannst, als authentisch zu werden, wenn du auf die göttliche Kraft in deinem Innern vertraust. Ich habe versucht, dir zu zeigen, wie du dich von elterlicher, kultureller und religiöser Autorität befreien kannst. Ich habe versucht, dir deutlich zu machen, daß dein wahres Selbst weit über all das hinausreicht. Ich habe dir gesagt, daß die Gesetze und Traditionen der Menschen den eingeschränkten Rahmenbedingungen ihrer Erfahrungswelt entspringen.

Die Menschen können nicht über sie hinaussehen. Doch es gibt eine Wirklichkeit jenseits dieser eingeschränkten subjektiven Realität. Und ihr könnt sie entdecken, von innen nach außen, denn sie ist die Basis eures Wesens. Sie ist die Essenz, sie ist das, was ihr seid, wenn ihr alle falschen Glaubenssätze und Vorstellungen fallen laßt, die ihr von euren Eltern, eurer Familie, eurer Kultur, eurer Kirche oder eurer Synagoge übernommen habt. Ich bat euch, den Mut zu haben, allein zu stehen, um das Leben zu leben, das euch bestimmt ist, und ich bat euch, eure eng begrenzten Identifikationen loszulassen, die euch daran hindern zu wissen, wer ihr seid. Ich bat euch, euer Heim und euren Arbeitsplatz zu verlassen, damit ihr Abstand gewinnen und euer Leben einmal aus der Distanz betrachten könnt. So könnt ihr eure einschränkenden, angstbesetzten Beziehungsmuster erkennen. Ich habe euch gebeten innezuhalten, damit ihr erkennen könnt, daß ihr euch nicht unter Wert verkaufen müßt. Ihr müßt eure Macht nicht an Traditionen und Gebräuche abgeben, die eure spirituellen Wurzeln und Zweige nicht würdigen.

Ein Mann oder eine Frau muß das Elternhaus verlassen und sich für neue Erfahrungen öffnen, wenn er oder sie ein eigenes Heim schaffen will, ohne die negativen familiären Muster zu wiederholen. Aus dem gleichen Grunde mußt du deine Schule, deine Karriere, deine Religion und deine Beziehung hinter dir lassen, damit du entdecken kannst, wer du jenseits all dieser äußeren Bedingungen und Beziehungsstrukturen bist. Du bist nicht nur ein Sohn oder eine Tochter, ein Ehemann oder eine Ehefrau, eine Schreinerin oder ein Schlosser, ein Schwarzer oder eine Weiße, eine Christin oder ein Jude. Du bist viel mehr als all das. Doch wenn du dich mit diesen Rollen identifizierst, wirst du niemals die innere Essenz jenseits dieser Identitäten entdecken. Und du wirst keine Möglichkeit finden, die unvermeidliche Spaltung zu überwinden, die diese äußeren Definitionen in deinem Leben verursachen.

Ich forderte dich auf, dein Zuhause zu verlassen, damit du eines Tages mit dem Wissen um dein wahres „Zuhause" zurückkehren kannst. Ich bat dich, eine Pilgerreise anzutreten, auf der du deine äußere Identität zurückläßt, um deine wahre Identität zu entdecken. Ich bat dich, anderen respektvoll zuzuhören, aber niemals ihre Ideen und Meinungen als Autorität in deinem Leben zu akzeptieren. Ich forderte dich auf, diese Autorität in deinem Inneren zu finden und dazu zu stehen, selbst wenn kein Mensch in deiner Umgebung dir zustimmt, und ich bat dich, dieser inneren Autorität zu folgen, auch wenn du dich dadurch der Kritik deiner Freunde, deiner Familie, deiner Kirchengemeinde, deiner Rasse, deiner politischen Partei oder deines Landes aussetzt.

Ich habe dich aufgefordert, allein zu stehen, nicht um dich zu isolieren, sondern, damit du die Wahrheit erkennen und dich in ihr verankern kannst. Denn es werden Zeiten kommen, wo du fest in dieser Wahrheit ruhen mußt, inmitten einer Menge von Menschen, die die Wahrheit ignorieren, die Sündenböcke suchen und ihre Brüder und Schwestern verdammen, so wie sie einst mich verdammten. Es werden Zeiten kommen, mein Freund, meine Freundin, wo du die Stimme in der Wildnis sein wirst, die anderen hilft, den Weg nach Hause zu finden. Aber du hättest nicht zu dieser Stimme werden können, wenn du dein Heim nicht verlassen hättest, wenn du nicht gelernt hättest, allein für die Wahrheit einzustehen. Wenn du allein stehen kannst, wird es dir leicht fallen, mit Menschen zusammen zu sein, die ihre eigene Wahrheit hochhalten. Du fühlst dich nicht bedroht durch das, was sie glauben oder erfahren. Du achtest all das. Du achtest jeden authentischen Weg zur göttlichen Weisheit und Liebe. Und du genießt es, mit Menschen zusammen zu sein, die es genießen, sie selbst zu sein.

Loslassen

Die meisten äußeren Veränderungen sind die Folge einer inneren Kursänderung. Wenn man sich nicht länger für eine Beziehung oder einen bestimmten Weg engagiert, ändert sich der Energiefluß. Die Energie wird von einer bestimmten Sache abgezogen und fließt in eine andere Richtung. Du kannst endlos darüber diskutieren, ob es richtig oder falsch ist, daß das Engagement eines Menschen nachläßt oder sich auf etwas Neues richtet, aber es wird dir nichts nützen. Du kannst andere nicht daran hindern, in ihrem Wachstum voranzuschreiten, selbst wenn du ihre Entscheidungen nicht billigst. Spiele nicht die Rolle des Märtyrers. Wenn du genau genug hinschaust, wirst du erkennen, daß jeder scheinbare „Verlust", den du erlebst, einen unerwarteten Gewinn mit sich bringt. Wenn ein Partner aus einer stagnierenden Beziehung aussteigt, wird auch der andere befreit. Aber er oder sie muß bereit sein, loszulassen und das Geschenk der Freiheit zu würdigen, das ihm oder ihr auf diese Weise angeboten wird.

Wenn du dir wünschst, mit jemandem zusammen zu sein, der nicht mir dir sein will, bestrafst du dich selbst. Aber irgendwann wirst du genug von deinem Masochismus haben und erkennen, daß du andere Wahlmöglichkeiten hast, daß du deine Energie auch jemand anderem geben kannst.

Wenn du aufhörst, dich für deine berufliche Karriere zu engagieren, wird sie zum Stillstand kommen. Wenn du aufhörst, dich für deine Beziehung zu engagieren, beginnt sie zu zerbrechen. Ihr werdet nicht mehr so durch die Beziehung genährt wie früher und habt nicht mehr so viel Spaß miteinander. Du kannst deinem Partner oder deinem Chef die Schuld daran geben, aber indem du das tust, siehst du nicht, was wirklich los ist. Die Beziehung oder Karriere gedeiht nicht mehr, weil du keine Liebe mehr hineingibst, weil du dich nicht mehr engagierst. Aber weder Festhalten noch Vorwürfe bringen dich jetzt weiter. Wenn du dein Leben nicht im Schatten einer zerbrochenen Verbindung zubringen willst, wo sich das Rad der negativen Gefühle endlos weiterdreht, mußt du lernen loszulassen. Etwas oder jemanden, den du liebst, freizulassen, ist vielleicht das größte Geschenk, das du dir selbst machen kannst. Das Ausharren in einer Beziehung, die nicht von beiden Partnern getragen und genährt wird, ist destruktiv für beide. An diesem Punkt muß entweder das gegenseitige Interesse und Engagement erneuert werden, oder der Prozeß des Loslassens muß einsetzen.

Wenn irgend etwas in deinem Leben nicht mehr funktioniert, versuchst du meistens erst einmal, es zu „reparieren". Gelingt dir das nicht, gibst du vielleicht eine Zeitlang vor, alles sei wieder in Ordnung, obwohl du genau weißt, daß es nicht so ist. Irgendwann stellst du schließlich fest, daß du mit dem Herzen nicht mehr bei der Sache bist und niemandem mehr etwas vormachen kannst. Erst jetzt bist du bereit loszulassen. Solange du an einer Rolle oder Beziehung festhältst, die ihren Zweck erfüllt hat, machst du dich selbst zum Gefangenen der Vergangenheit. Loslassen erfordert großen Mut. Der Abschied von etwas oder jemandem, das oder der dir einst Freude oder Glück schenkte, ist immer mit Schmerz verbunden. Du mußt Geduld haben und Trauerarbeit leisten. Doch wenn die Trauerphase vorüber ist, wirst du ein neuer Mensch sein. Du wirst dich für neue Möglichkeiten öffnen, von denen du bisher nicht einmal zu träumen gewagt hast. Und indem du diese neuen Möglichkeiten auslotest, kehrst du mit neuem Selbstvertrauen in dein Leben zurück. Es ist, als ob ein neues Leben beginnt. Du gehst als Phönix aus der Asche der Vergangenheit hervor.

Es ist nie einfach, durch das Feuer der Veränderung zu gehen. Aber wenn du dich hingibst, ist der Brand schon bald vorüber. Und in den reichen Humus, der zurückbleibt, kannst du die Samen der Zukunft säen. Ich habe dir gesagt, daß du sterben und wiedergeboren werden mußt, um ins himmlische Königreich eingehen zu können. Jeder Mensch, der auf diese Erde kommt, muß die Schmerzen des Verlustes erleiden. Jede Identität, die du annimmst, wird von dir genommen, wenn es an der Zeit ist. Jeder Mensch, den du liebst, wird sterben. Es ist nur eine Frage der Zeit. Und es ist auch nur eine Frage der Zeit, bis du selbst deinen Körper und diese Welt verlassen wirst. Alle spirituellen Lehren mahnen dich, dich nicht an die Dinge dieser Welt zu klammern, weil sie vorübergehender Natur sind. Und dennoch bindest du dich daran. Das gehört zum Prozeß deines Erwachens. Sich binden und loslassen. Umarmen und freilassen. Ich glaube nicht, daß es notwendig ist, Bindungen zu meiden. Aber es ist wichtig zu erkennen, wann sie anfangen, zerstörerisch zu werden. Wenn bestimmte Bindungen dich einengen, hast du keine andere Wahl, als sie aufzugeben. Das Loslassen ist eine der wichtigsten Lektionen auf dieser physischen Ebene. Doch wenn du loslassen kannst, gewinnst du auch eine neue Freiheit. Das ist gemeint, wenn wir von „Wiedergeburt" sprechen. Du wirst im Laufe deines Lebens viele kleine Tode sterben, wenn du die Arme, die dich einst hielten, loslassen und allein in eine unsichere Zukunft hinausgehen mußt. Jedesmal, wenn das geschieht, werden deine Ängste hochkommen, und du wirst durch sie hindurchgehen müssen. Oft wirst du das Gefühl haben, daß du stirbst, wenn du losläßt, aber du wirst feststellen, daß das nicht stimmt. Wenn du losläßt, was nicht länger funktioniert, wirst du zu dem geführt, was jetzt richtig für dich ist.

Hab Geduld. Niemand wird in einem einzigen Augenblick wiedergeboren. Es braucht Zeit. Es ist ein Prozeß. Du solltest nur wissen, daß dieser Prozeß um so leichter wird, je mehr du dich ihm hingibst. Es ist wie mit Ebbe und Flut. Die Menschen lassen eine Bindung los, um eine andere einzugehen, die sie vor eine noch größere Herausforderung stellt. Das Leben ist ein Rhythmus, ein progressiver Rhythmus. Während Erde und Wasser zusammen atmen, verändert sich die Form des Strandes. Stürme kommen und gehen. Am Ende kehrt tiefer Frieden im Herzen ein. Irgendwann erreicht man den Grund des Seins. Hier kommen und gehen die Wasser der Veränderung, und die Erde heißt sie willkommen, wie eine Liebende die spielerische Berührung des Geliebten genießt. Ein tiefes Gefühl des Annehmens breitet sich aus und mit ihm die Erkenntnis, daß alle Dinge so, wie sie sind, vollkommen sind. Das ist Gnade, die Heimkehr Gottes in dein Herz und in dein Leben.

Veränderung und das Unveränderliche

Manche Dinge verändern sich, andere nie. Gedanken, Gefühle, Arbeitsplätze, Wohnungen, Körper und die Welt verändern sich. Doch dein innerster Kern ändert sich nie. An der Oberfläche ist jeder von euch anders. Die Unterschiede im körperlichen Erscheinungsbild, in der Persönlichkeit und im Temperament, die kulturellen, religiösen und nationalen Unterschiede tragen zu eurer Einzigartigkeit bei. Solange Individuen sich gegenseitig respektieren, ist diese durch individuelle Einzigartigkeit bedingte Vielfalt ein positives Phänomen. Wachstum ist ebenfalls ein individueller Prozeß. Die Menschen wachsen auf verschiedene Arten. Die Erfahrung lehrt manche, durchsetzungsfähiger zu werden, und andere, sich zurückzunehmen. Für einige bedeutet Wachstum, geselliger zu werden, während andere lernen, glücklich mit sich allein zu sein. Doch jeder Mensch auf dieser Erde muß atmen, essen, trinken. Jeder Mensch braucht Liebe und Akzeptanz, um aufblühen zu können.

Wenn Menschen auf der physischen, emotionalen, intellektuellen und spirituellen Ebene genährt werden, sind sie glücklich und erfüllt. Denn das ist ihr natürlicher Zustand. Wenn du lernst, dich selbst und andere so zu akzeptieren, wie ihr im gegenwärtigen Augenblick seid, findest du dich in deinem ursprünglichen Seinszustand wieder. Du fließt mit dem Lebensfluß, akzeptierst, was ist, und nutzt den Augenblick. Du bist in Einklang mit dem Tao, mit dem Herzen und dem Geist des Universums.

Wenn du Menschen beobachtest, die auf dieser Ebene leben, siehst du, daß sie sich gleichen, selbst wenn sie sich äußerlich unterscheiden. In ihren Augen siehst du dasselbe Strahlen, auch wenn die Augen des einen braun und die des anderen grün sind. Beide lächeln entspannt, und du fühlst dich gleichermaßen sicher in ihrer Gegenwart. In der menschlichen Natur mag es Unterschiede geben, die göttliche Natur ist stets die gleiche. Wenn sich die göttliche und die menschliche Natur im Herzen und im Geist einer Person verbinden, kann sie alle ihre individuellen, authentischen Begabungen und Stärken leben, ohne von der Unsicherheit, der Anspannung und der Spaltung des Ego-Bewußtseins beeinträchtigt zu werden. Jeder Mensch kann einzigartig sein, ohne die Einzigartigkeit eines anderen Menschen zu bedrohen oder zu beeinträchtigen. Jeder kann er oder sie selbst sein, ohne anderen Schaden zuzufügen. Diese Vereinigung des Persönlichen und des Universalen oder Göttlichen hat viele Namen: Erleuchtung, Erwachen, Satori, Samadhi, Aufstieg. Sie führt zu einem Bewußtseinszustand, der innere Integration und äußere Harmonie widerspiegelt. Innen und außen sind miteinander im Einklang. Alle Menschen haben das Potential, diesen Zustand des Friedens und des Glücks zu erfahren. Sie müssen nur die Ego-Identifikationen loslassen, die ihre Urteile zementieren und ihre ständigen Kämpfe mit anderen Menschen verursachen.

In diesem Bewußtseinszustand bilden das Veränderliche und das Unveränderliche eine Einheit. Deshalb wurde er auch der Zustand der Unsterblichkeit genannt. In diesem Zustand bleiben individuelle Unterschiede bestehen, ohne trennend zu wirken. Man ist nicht auf das fixiert, was einen von anderen unterscheidet. Und wenn dann der Augenblick des Todes kommt und man aufgefordert wird, alles Persönliche hinzugeben, fällt einem das nicht schwer. Man zieht die Stille des Absoluten dem unaufhörlichen Geplapper der Welt der Bedingungen vor. Man tauscht diesen Atem gern gegen den ewigen Atem ein, der nicht kommt und nicht geht.

Das Veränderliche geht aus dem Unveränderlichen hervor und kehrt zu ihm zurück. Du kannst dir den Moment des Entstehens oder den Moment der Rückkehr in das Formlose nicht vorstellen, aber du hast in deinem Leben schon Augenblicke erlebt, in denen du frei von Angst oder Befangenheit warst, Augenblicke, in denen du dich mit allem und allen verbunden fühltest. Diese Momente lassen dich den Zustand der Unsterblichkeit erahnen. Je näher du diesem Zustand kommst, solange du noch in einem Körper lebst, desto weniger wirst du den Augenblick des Todes fürchten. Denn du hast das Universale in das Persönliche, das Göttliche in das Menschliche, das Bedingungslose in das von Bedingungen Eingeschränkte eingebracht. Wenn das Körper-Geist-Gefäß vom Geist erfüllt wird, dehnt es sich aus und zerbricht, damit die Energie dorthin fließen kann, wo sie am meisten gebraucht wird. Wenn deine persönliche Reise Früchte getragen hat, beginnt deine überpersönliche Reise. Die göttliche Präsenz, in der dein Sein verankert ist, entscheidet, wohin du gehen und was du tun wirst. Du bist hier, um zu lieben und zu dienen. Du brauchst nicht zu fragen, wem, wo, warum oder wie. Diese Fragen werden überflüssig, wenn du nicht länger nur für dich selbst lebst.

Rückverbindung

Glaubt nicht, ich sei der einzige Christus, sonst mißversteht ihr meine Lehre völlig. Jeder von euch ist der Gesalbte. Jeder ist der Auserwählte. Es spielt keine Rolle, wer das Tor ist. Ich könnte es sein. Du könntest es sein. Oder jemand anders. Es ist nicht nötig, das Tor anzubeten. Wenn das Tor angebetet werden muß, erfüllt es seinen Zweck nicht mehr.

Die göttliche Partnerschaft

Stell dir vor, wie es wäre, mit einem anderen Menschen zusammenzuleben, ohne zu versuchen, ihn oder sie auf irgendeine Weise zu ändern. Stell dir vor, deine einzige Aufgabe bestünde darin, diese Person in jedem Augenblick einfach so zu akzeptieren, wie sie ist, und dich selbst im gleichen Augenblick ebenfalls zu akzeptieren, wie du bist. Stell dir vor, du müßtest keinen Druck auf andere ausüben, damit sie deine Bedürfnisse befriedigen oder deine Erwartungen erfüllen, und du wüßtest, daß andere niemals Druck auf dich ausüben würden. Stell dir vor, jeder Moment, den du mit einem anderen Menschen verbringst, wäre ein Moment, in dem ihr vollkommen präsent seid und achtsam miteinander umgeht. Stell dir vor, du wärst in deinem Herzen auf die gleiche Weise mit deinem Partner verbunden, wie du dich mit deinem eigenen Atem verbunden fühlst. Wenn dein Atem flach wird, wirst du dir dessen automatisch bewußt und nimmst einen tiefen Atemzug. Wenn deine Aufmerksamkeit für deinen Partner nachläßt, stellst du Augenkontakt her, damit die Schwingung eurer Liebe zwischen euren Herzen hin und herfließen kann. Stell dir vor, eure Beziehung wäre ein unaufhörlicher Tanz, dessen einziges Ziel darin besteht, sich im Einklang miteinander zu bewegen. Jeder von euch nimmt ständig kleine Anpassungen vor, so daß ihr auf angenehme Weise zusammenbleiben könnt. Ihr braucht gar nicht viel über diese Anpassungen nachzudenken. Ihr macht es einfach wie beim Tanzen. Stellt euch einen Tanz vor, bei dem die beiden Partner abwechselnd führen. Manchmal fühlt der eine die Musik tiefer als der andere und kann deshalb besser führen. Ein andermal ist der andere Partner mehr in Einklang mit der Musik. Das ergibt sich ganz von selbst aus der Aufmerksamkeit und Rücksichtnahme, die die Partner einander entgegenbringen, und nicht, weil sie irgendwelche Vereinbarungen über „gleiche Rechte" getroffen haben. Stell dir vor, daß dein größtes Geschenk als Mensch darin besteht, deinen Partner mit jedem Atemzug und jedem Schritt, den du tust, zu würdigen. Stell dir vor, du würdest auf die Gedanken und Gefühle deines Partners genauso viel Rücksicht nehmen wie auf deine eigenen.

Stell dir vor, wie es wäre, wenn du dich selbst nicht mehr als getrenntes Wesen betrachten würdest. Wenn du wüßtest, daß es dir nicht schwerfällt, allein zu sein, daß du aber nie mehr allein bist, jetzt, da ihr beide euch zu einem größeren Bewußtsein zusammengeschlossen habt. Stell dir vor, daß an die Stelle des „Ich-Bewußtseins" nun ein „Wir-Bewußtsein" getreten ist. Stell dir vor, du würdest das Wohlergehen deines Partners genauso wichtig nehmen wie dein eigenes. Stell dir vor, du müßtest die innere Verbindung zu deinem Partner nicht immer unterbrechen, um in Kontakt mit dir selbst zu kommen. Stell dir vor, du wüßtest, daß jede Unterbrechung der Verbindung zu deinem Partner eine Unterbrechung der Verbindung zu dir selbst ist. Die bedingungslose Liebe und Akzeptanz, die du deinem Partner entgegenbringst, ist der einfachste Weg zur Vereinigung mit Gott. Mit deinem Partner lernst du, Liebende und Geliebter zu sein. Du lernst, bedingungslose Liebe und Akzeptanz zu geben und zu empfangen. Wenn du das in bezug auf einen Menschen gelernt hast, wirst du fähig, diese Qualität auf alle Menschen auszudehnen. Dann wird der Christus in dir geboren, der eine wird zu den vielen, und die vielen werden eins. Wenn du zur Christus-Präsenz wirst, so wie ich zur Christus-Präsenz geworden bin, wirst du alle in deine Liebe einschließen. Was du einem gibst, wirst du allen geben. Was du von einem empfängst, wirst du von allen empfangen.

Mit dem Aufblühen des Christus-Bewußtseins endet das trennende Denken und Wollen. Es ist das Ende der trennenden Gefühle und der spezifischen Liebe. Das Christus-Bewußtsein hat nur ein Denken, einen Willen und eine Liebe für alle Wesen. Aber all das hat keine Bedeutung für dich, bis du gelernt hast, einen Menschen so zu lieben, wie du dich selbst liebst. Für die meisten von euch ist dies das Tor, durch das sie zur göttlichen Seligkeit gelangen.

Wähle deinen Partner also sorgfältig aus. Wählst du einen, der zu langsam tanzt, wirst du vielleicht zurückgehalten. Wählst du einen, der zu schnell tanzt, könntest du dir bei dem Versuch, mit ihm Schritt zu halten, den Knöchel brechen. Suche dir einen Partner, dessen Tempo zu deinem paßt, der dich ergänzt und der dir hilft, dein Potential zu verwirklichen. Suche eine Partnerin, die du ermutigen und unterstützen kannst. Auf den Schwingen eurer Liebe und gegenseitigen Akzeptanz könnt ihr dem Göttlichen so nah kommen, wie es in diesem irdischen Leben überhaupt möglich ist.

Den Partner sein lassen

Inzwischen ist dir wahrscheinlich klar geworden, daß die Beziehungen zu deinen Brüdern und Schwestern dein Wachstum und deinen Lernprozeß am besten fördern können. Doch Beziehungen sind zweischneidige Schwerter. Sie versprechen Seligkeit und bringen dennoch die primitivsten und rohesten Gefühle in euch hervor. Sie versprechen Kameradschaft und zwingen euch dennoch, euch mit scheinbar unüberbrückbaren Gegensätzen auseinanderzusetzen. Sie versprechen das Ende der Einsamkeit und öffnen dennoch die Tür zu einem tieferen Alleinsein.

Vielleicht ist eine Beziehung für dich so etwas wie eine Pille, die du nimmst, um deine Langeweile oder deine Einsamkeit zu betäuben. Aber alle Pillen haben Nebenwirkungen. Auf jedes Hochgefühl folgt ein Tief. Wenn du solche Abstürze vermeiden willst, solltest du keine intimen Beziehungen eingehen. Das würde allerdings auch bedeuten, daß du dein eigenes psychisches und spirituelles Wachstum vermeidest. Denn dieses Wachstum wird durch die Erfahrungen angeregt, die du in einer Beziehung machst, durch die Höhen und Tiefen und alles, was dazwischen liegt. Dein Wachstum wird gefördert, indem du deinen Partner in all seinen Entwicklungsphasen erlebst, so wie du all deine eigenen Entwicklungsphasen durchleben mußt.

Eine Zeitlang mag es scheinen, als würdest du dich in dem anderen Menschen verlieren. Doch das geschieht nur im Anfangsstadium einer Beziehung, wenn ihr euch gegenseitig idealisiert. Wenn du mit einem anderen Menschen zusammenlebst, dauert es gewöhnlich nicht lange, bis alles auf den Tisch kommt. Und dann brauchst du dein ganzes Geschick, um zu verhindern, daß die Beziehung in selbstzerstörerische Muster abgleitet. Wenn die Ängste und Unsicherheiten deines Partners an die Oberfläche kommen, kannst du darauf entweder mit eigenen Ängsten oder Unsicherheiten reagieren oder mitfühlend zulassen, daß dein Partner durch seine Erfahrungen hindurchgeht. Das klingt vielleicht einfach, aber in Wirklichkeit ist es sehr schwierig. Es ist eine ungeheure Herausforderung, den Partner einfach sein zu lassen, wie er ist, während er durch Ängste und Zweifel geht, ambivalent ist, sich als Opfer fühlt oder unrealistische Zukunftsphantasien äußert. Du mußt dich innerlich von dem lösen, was er oder sie sagt, damit du nicht darauf reagierst und es nicht persönlich nimmst. Dennoch mußt du gleichzeitig dein Herz offenhalten, präsent sein und eine Möglichkeit finden, geerdet und optimistisch zu bleiben.

Manchmal kommt einer von euch beiden unerwartet vom Kurs ab, und der andere muß an seiner Seite segeln und ihn vorsichtig zurückholen. Manchmal bleibt einer von euch vielleicht zu lange im Hafen und braucht die Unterstützung des anderen, um seinen Anker wieder lichten zu können. Solange ihr euch nicht in die neurotischen Muster eures Partners verstrickt, könnt ihr euch gegenseitig wunderbar in eurem Wachstum unterstützen. Es ist tödlich für die Beziehung, sich auf die negativen Äußerungen des Partners oder der Partnerin einzulassen. Du mußt statt dessen hinter die Worte schauen und erkennen, daß dein Partner sich eigentlich nur deine Liebe und Bestätigung wünscht. Indem du ihm diese Liebe und Bestätigung gibst und den Rest ignorierst, kannst du ihm helfen, wieder auf Kurs zu kommen. Es gehört zur Kunst des Liebens zu wissen, wann man sich auf den Partner einlassen muß und wann nicht.

Das lernt man nicht über Nacht. Jeder muß seine Fehler machen, um zu erkennen, daß er sie nicht wiederholen möchte. Dem Partner Raum zu geben, wenn er oder sie entschlossen ist, in der Opferrolle oder im Selbstmitleid zu verharren, ist genauso wichtig, wie ihn oder sie zu loben, zu ermutigen und zu unterstützen, wenn er oder sie das annehmen kann. Was du nicht sagst oder tust, ist genauso wichtig für das Gedeihen der Beziehung wie das, was du sagst oder tust. Die beiden wichtigsten Faustregeln lauten: 1. Versuche nicht, deinen Partner zu ändern, selbst wenn du glaubst, daß er das möchte. 2. Fühle dich nicht verantwortlich für die Traurigkeit, die Angst oder die Wut deiner Partnerin.

Wenn dein Partner unglücklich ist, geh innerlich liebevoll auf Distanz und laß ihn in Ruhe. Misch dich nicht ein. Versuche nicht, sein oder ihr Problem zu lösen. Fühle dich nicht verantwortlich. Laß ihn einfach in Ruhe und vertraue darauf, daß er einen Weg finden wird, sich wieder mit sich selbst und schließlich auch mit dir zu verbinden. Solange deine Partnerin diese Verbindung zum eigenen Selbst nicht herstellen kann, kann sie sich auch nicht mit dir auf eine befriedigende, positive Weise verbinden. Ironischerweise besteht eine der wichtigsten Lektionen in einer Partnerschaft darin, den Partner sein zu lassen. Und die wichtigste Erkenntnis ist die, daß du nicht verantwortlich für die Stimmungsänderungen deines Partners bist. Allerdings mußt du lernen, mit ihnen zu tanzen. Zu diesem Tanz gehört auch der gelegentliche Rückzug, der es euch ermöglicht, wieder zusammenzukommen, wenn ihr beide in der Lage seid, wirklich präsent zu sein.

Spiegel der Unschuld

Wenn der Schnee fällt, hüllt er die Erde, alle Pflanzen, Bäume, Häuser und Straßen in einen weißen Mantel. Alles sieht frisch, neu und unschuldig aus. Die Vergebung tut das gleiche für uns. Sie löst die Schmerzen und Leiden der Vergangenheit auf, Wertungen und Urteile machen liebevollem Annehmen Platz. Im Lichte der Vergebung siehst du deine Probleme und Herausforderungen aus einer anderen

Perspektive. Du fühlst dich stark genug, dein Leben so anzunehmen, wie es ist. Wenn du hinausgehst und über den frisch gefallenen Schnee läufst, hinterläßt du Fußspuren. Du versteckst dich nicht mehr, gibst nichts mehr vor, hältst nichts mehr zurück. Mutig hast du dich hinausgewagt, und jeder kann dir folgen.

So wie die Schneeflocken auf alles niederfallen, berührt die Vergebung alles in deinem Leben, in deinem Herzen und in deinem Geist. Damit du den Segen der Vergebung erfahren kannst, mußt du bereit sein, sie zu empfangen, so wie die Erde den Schnee willkommen heißt. Du mußt bereit sein, dich von einer Kraft durchströmen und reinigen zu lassen, die viel größer ist als du selbst.

In einer glücklichen Beziehung sind beide Partner bereit, einander fortwährend zu vergeben. Es ist eine tägliche, wöchentliche, monatliche Reinigung. Wenn ihr einander nicht vergebt, kann zwischen dir und deinem Partner keine Vereinigung stattfinden. Ohne Vergebung würde versteckter Groll alte Wunden noch tiefer machen. So kann keine Beziehung gedeihen. Die Atmosphäre muß *täglich* von negativen Gedanken und Gefühlen gereinigt werden. Legt euch abends nicht mit Wut im Bauch ins Bett. Noch bevor die Sonne untergeht, solltet ihr Frieden geschlossen und diesen Frieden mit einer Umarmung besiegelt haben. Das Heilige in eurer Beziehung muß genährt und gefeiert werden. Nehmt euch dafür genügend Zeit. Seid bereit, verletzende und trennende Gedanken und Gefühle loszulassen. Während ihr gemeinsam tanzt, müßt ihr oft nach Möglichkeiten suchen, wieder zusammenzukommen, wenn ihr wütend seid und euch getrennt fühlt. Versucht, euren Schutzpanzer aufzulösen, indem ihr euch still in die Augen schaut. Dein Partner ist nicht dein Feind, auch wenn dir das manchmal so vorkommt.

Die Trennung, die ihr spürt, wird durch eure Angst verursacht. Begegnet euch als Gleiche und gesteht euch eure Angst ein. Laßt den Wunsch los, recht zu haben und den Partner ins Unrecht zu setzen. Ihr habt beide recht mit eurem Wunsch, von eurem Partner geliebt und geachtet zu werden. Und ihr habt beide unrecht mit eurem Versuch, den Partner für euer Unglück verantwortlich zu machen. Begegnet euch als Gleiche und sagt: „Lassen wir das hinter uns … wir wollen noch einmal neu anfangen, damit wir einander sehen können, wie wir wirklich sind. Wir wollen in Kontakt mit unserer Liebe kommen und unsere Angst loslassen."

Beziehungen sind ein Tanz auf einer Bühne der Schmerzen. Wie sehr ihr es auch vermeiden wollt, andere zu verletzen, irgend jemand wird immer vor Schmerz aufschreien. Manchmal ist eine Entschuldigung angebracht, aber meistens ist klar, daß der Schmerz des einen der Auslöser für den Schmerz des anderen war. Niemand ist schuld. Die Dinge sind einfach so.

Wenn ihr lange genug miteinander getanzt habt, nehmt ihr das Drama nicht mehr so persönlich. Ihr werdet einfach geschickter darin, vom Schmerz weg und zur Freude hin zu tanzen. Wenn ihr das tut, ändert sich die ganze Atmosphäre auf der Bühne. Eine Möglichkeit, die ihr zuvor gar nicht wahrgenommen habt, tut sich auf.

Manchen Menschen kommt die irdische Reise wie ein mühsamer Marsch durch ein Tal der Tränen vor. Doch selbst diese Reisenden erleben Momente, in denen die Sonne durch die Wolken bricht und sich ein Regenbogen über den Himmel spannt, Momente, in denen der Schmerz plötzlich nachläßt und das Herz sich mit unerwarteter Freude füllt. Selbst wenn der Tanz schwierig ist, kann man dankbar sein für die Gelegenheit, mittanzen und lernen zu dürfen.

Es stimmt, daß ihr voller Widerstände seid und euch manchmal sogar weigert, eure Lektionen zu lernen. Aber irgenwann lernt ihr sie. Ihr bewegt euch vorwärts und aufwärts, und dabei werden Materie und Geist von göttlicher Energie erfüllt. Ihr, die ihr einst mit einem spezifischen Bewußtsein und einem spezifischen Körper identifiziert wart, erlangt schließlich die Freiheit, bedingungslos zu lieben und die Liebe, die euch entgegengebracht wird, ohne Widerstand anzunehmen.

Das ist der Zweck eurer Reise auf dieser Erde. Es ist eine gute Reise. Möget ihr euch die Zeit nehmen, sie zu würdigen und zu genießen. Möget ihr eure Augen öffnen und die Sonnenstrahlen sehen, die durch die Wolken blitzen. Möget ihr das Licht sehen, das von der schneebedeckten Erde und den weißen Zweigen der Tannen reflektiert wird. Das glitzernde Licht, dessen Funken in alle Richtungen sprühen, das jeden von euch einhüllt, hier und jetzt, in diesem Augenblick.

Namaste